世界是部营销史

郭天宝◎著

中国财富出版社

图书在版编目（CIP）数据

世界是部营销史/郭天宝著．—北京：中国财富出版社，2013.8
ISBN 978－7－5047－4744－0

Ⅰ.①世… Ⅱ.①郭… Ⅲ.①市场营销学—通俗读物
Ⅳ.①F713.50－49

中国版本图书馆 CIP 数据核字（2013）第 151962 号

策划编辑	范虹轶		责任印制	方朋远
责任编辑	陈　莎		责任校对	饶莉莉

出版发行	中国财富出版社（原中国物资出版社）	
社　　址	北京市丰台区南四环西路 188 号 5 区 20 楼　　邮政编码　100070	
电　　话	010－52227568（发行部）	010－52227588 转 307（总编室）
	010－68589540（读者服务部）	010－52227588 转 305（质检部）
网　　址	http://www.cfpress.com.cn	
经　　销	新华书店	
印　　刷	三河市西华印务有限公司	
书　　号	ISBN 978－7－5047－4744－0/F·1991	
开　　本	710mm×1000mm　1/16	版　　次　2013 年 8 月第 1 版
印　　张	13.75	印　　次　2013 年 8 月第 1 次印刷
字　　数	218 千字	定　　价　32.00 元

前 言

到目前为止，市场营销学已经成为一门独立的学科。在市场营销学发展的过程中，我们可以把营销思想追溯到古希腊苏格拉底学派，在其之后的发展则出现了忽好忽坏的情况。但是无论怎样，营销思想还是不胜枚举，也出现了很多代表人物，如克拉克、维尔德、布莱耶、奥德逊、霍华德、麦卡锡、维莱特、科特勒等，正是因为他们的存在，营销学才取得了长足的进步。

什么是营销史呢？营销史是研究营销思想和学说的产生、发展以及变化历史的学科。它是基础营销学的一个重要的分支学科。营销史的研究对象是营销思想或者营销学本身，如各个历史时期具有代表性的营销观点、营销思想和营销学说以及其产生、发展的背景和对后世产生的影响，所占的历史地位以及各个人物、各个学派之间的承袭、更替、对立的关系。

其实，任何事物的发展和演变都是需要过程的，也就是有发展历史，营销学作为一门学科更是如此。我们如果想要更深入地研究它，必须了解它的发展历史，只有这样，才能使其研究更具深度和广度。同时，这种深度和广度也代表着营销学发展的成熟程度。

过往的百年，是营销领域从孕育、生长到大发展的百年，是营销管理思想不断创新与丰富的百年，营销学发展取得了非常丰硕的成果。然而，其发展还没有到高峰，需要人们的继续创新和努力，只有这样，营销学发展才能达到高潮。

营销与消费者是密切相关的。所以，让顾客满意是营销学追求的目标。目前，与国外营销学发展情况相比，中国的营销学相对落后，所以，还需要中国人的继续努力和不断创新。过去的100年里，营销创新几乎都是西方人做出的，21世纪，中国人应当脱颖而出、有所作为，成为21世纪营销海洋之中的冲浪高手。

本书能在较短的时间内出版真诚感谢秦富洋、方光华、陈德云、刘星、曾庆学、李志起、杨勇、李高朋、孙汗青、陈春东、张旭婧、王京刚、陈宁华、王军生、辛海、蒋志操、王咏、赵国星、王奇珍、陈妙峰、江晓兴、王道国、张艳杰、赵志刚、吴波等人在制图、文字修改以及图书推广宣传方面的协助。

作 者

2013 年 2 月

第*1*章

市场研究——理性营销新纪元

一、1932 年尼尔逊市场调查

之所以要进行市场调查是为了促进商品经济的更好发展。在市场调查过程中，其产生的基础条件是形成买方市场，由于日益激烈的市场竞争，同时消费者需求具有多样化和多变性，所以进行市场调查是促进营销的必要步骤。

20 世纪初，市场调查在美国成为一门科学；20 世纪 30 ～ 50 年代，市场调查得到了进一步发展。随着电子计算机的出现和普及，市场调查这门学科逐渐达到了高潮。因此，在现今企业发展过程中，市场调查是营销的必要前奏。

市场调查主要经历了以下阶段。

1. 市场调查的形成期（20 世纪 20 年代初）

正是随着商品生产和交换的不断发展才有了市场调查。在 20 世纪初，

1

市场调查首先在美国成为一门应用学科。

通过相关资料我们可以得知，选举调查是第一项市场调查。在 1824 年 7 月，这项调查由美国的 Harrisburg Pennsylvanian 报纸进行。而第一项用于营销决策的调查是 N. W. Ayer 广告公司于 1879 年进行的调查，这项调查的主要对象是本地官员，目的是通过了解他们对谷物生产的期望水平来为农场设备生产者发展一项广告计划。

市场调查的发展经历了以下过程。在 1895 年，学院的研究者开始进行市场调查研究。当时明尼苏达大学的心理学教授 H. 盖尔将邮寄调查引入广告研究，西北大学的 W. D. 斯考特将实验法和心理测量法引入广告实践中。1905 年，"产品的销售"课程首先在美国宾州大学开设。1911 年，美国当时最大的出版商柯的斯出版公司，聘请派林担任该公司商业调查部经理。派林首先对农具销售进行调查，接着对纺织品批发和零售渠道进行了系统的调查，随后，他还亲自调查访问了美国主要的百货公司，系统地收集了第一手资料，将这些资料编写成了《销售机会》一书。在这本书中，派林不仅将美国各大城市的人口地图、人口密度、收入水平和有关资料写在里面，而且还提出了很多调查方法，如访问调查法、观察调查法、统计分析法等市场调查分析方法……正是因为派林不仅在市场调查理论方面，而且在实践方面都作出了非常多的贡献，所以他被推崇为市场调查的先驱。同时，美国一些大学建立了商业调查研究所，如哈佛大学商学院的商业调查研究所，它主要从事的是市场调查理论与方法的研究。可见，市场调查正在逐渐变成一门学科。

2. 市场调查的发展期（20 世纪 30～50 年代）

从 1923 年美国人尼尔逊开始创建专业的市场调查公司后，市场调查就成为营销活动的必要步骤。在 1929 年，美国发生了经济大危机，为了生存，很多企业开始转变以产定销的传统观念，这为市场调查的进一步发展提供了条件。1929—1939 年，美国政府和地方工商团体共同配合，对全美进行了一次商业普查，这次普查被称为美国市场调查工作的里程碑。这次调查揭示了美国全国市场结构的全部情况，收集和分析了各种商品如何从生产到消费的整个过程以及各类型的中间商和分销渠道的作用、各种中间商的营销成本。同时，这次调查也提供了关于各种市场营销机构和商品大类的详细销售数据，为如何改进市场营销活动提供了依据，还规定每隔 5 年定期举行一次调查。

在 20 世纪 30 年代以后，由于心理学家的加入，所以调查方法也变得越来越多，如配额抽样、随机抽样、消费者与商店固定样本调查、统计推断、回归方法、简单相关分析、趋势分析等。其中，1937 年美国市场营销协会组织专家编写了《市场调查技术市场》一书，对市场调查学科的发展起到了重要推动作用。从此，市场调查真正成为一门新兴的学科，同时，它也带动了市场调查业的兴起和发展。

3. 市场调查的完善期（20 世纪 50 年代以后）

1950 年以来，随着电子计算机的问世及其在市场调查中的广泛应用，市场调查进入了一个快速发展时期，所以为了更好地促进营销，调查消费者的价值观和生活方式是非常必要的。同时，计算机的出现使抽样调查成为可能，市场调查业成为一个具有发展前景的新兴产业，产生了一批著名的调查公司，如兰德公司、斯坦福德公司等。

二、产品的消费者测试技术——消费者主义学派的兴起

消费者主义学派代表着与消费者利益和消费者满意问题相关的实证研究和概念研究，它主要研究市场中买者与卖者力量的不平衡及私人企业营销中的舞弊问题。

1. 消费者主义学派的特点

消费者主义学派与购买者行为学派和宏观营销学派的相似之处在于它们均站在市场中的消费者的角度而非营销从业者的角度。在这方面，它们与商品学派、职能学派和区域学派截然不同。

消费者主义学派与宏观营销学派的区别是更注重研究个体消费者和特

殊产业或企业，而不是采取宏观或社会机构的角度。它与购买者行为学派的区别在于采取了更规范的和替代消费者的角度。

消费者主义学派的主要代表人物有斯图尔特·奇斯（Stuart Cbase）、施林克（F. J. Schlink）、阿瑟·卡莱特（Arthur Kallet）、约翰·肯尼思·加尔布雷思（John Kennelh Galbraith）、万斯·帕卡德（Vance Packard）、拉西尔·卡尔森（Rachel Carson）等。

2. 消费者主义学派的实证研究

营销中有关消费者保护主义问题的实证研究可分为几个方面，其中最主要的领域就是有关营销中的渎职问题，尤其是有关产品安全和消费者信息的问题。产品安全研究主要是由政府机构进行的；学术研究则主要集中于欺骗性广告、产品标签及信用等问题。

实证研究的第二个领域是关于受歧视的消费者。对贫民区消费进行的分类研究表明，穷人对同样的产品付出的钱更多。该研究在一些营销学者中引起了较为强烈的反响。

实证研究的第三个领域是消费者的满意度。针对消费者满意的研究指出，商业组织和非营利组织需要检验其产品和服务在多大程度上满足了顾客的需要，从而使自己和消费者都受益。政府也需要了解市场运作状况是否良好，是否要进一步引导消费者需要。消费者需要和期望的满足程度就称为消费者满意度。

这一领域的研究主要是实证研究，即检验消费者抱怨行为，尤其是受歧视的消费者如老年居民和残疾消费者的抱怨；同时，也有相当数量的研究是紧紧围绕着定义和进行消费者满意度检验展开的。

3. 消费者主义学派的概念思考

有少量的营销学者试图形成消费者主义学派的概念，包括消费者保护主义在营销实践中的角色。彼得·德鲁克提出，消费者保护主义意味着消费者把生产者看成对消费者的现状感兴趣，而事实上却又不了解消费者现状的一些人。他认为生产者未曾去努力研究却又希望消费者自己能明显区别开来，而这对于消费者来说是既不可能也不愿意的。

德鲁克将消费者主义学派研究方式转化为从购买者的角度而不是从销

售者的角度来看待营销活动，他说明了消费者对广告、产品质量及营销组合因素的不同理解。

另外一些学者提出，商界和政界之所以对同一市场的看法不一致，是因为本质上商人和政治评论家有着完全不同的营销运作的消费者模型，这种分歧源于对一些关键词的不同理解。

这些学者认为，协调双方认知差别的最好办法就是都采用顾客的观点，用顾客的观点来评估营销过程，注重其信息需求，这样商人和评论家就可以共同努力提出面向顾客的信息系统。这个信息系统既考虑顾客的需要和其处理信息的能力，又紧密结合营销过程的现实情况。

在这一领域中最具说服力的思想是由科特勒提出的。科特勒认为，顾客导向的营销概念更符合那些实现顾客利益的商业活动。消费者保护主义的来临对许多商人来说是令人震惊的，因为他们在内心深处认为他们对消费者的服务已经很好了。商人们是否应接受那些消费者保护主义者给他们的待遇呢？

商业的因素很可能使商人误以为其对消费者的服务已经很好了。尽管营销理念是绝大多数美国企业公认的商业哲学，但对其的违背却多于奉行。尽管高层管理者奉行这些理念，可那些因追求高销售额而获奖励的一线管理者，却未必真正会加以执行。

4. 科特勒的贡献

科特勒认为消费者满意并不能为消费者和生产者创造一个双赢的局面，原因有以下两点。首先，很难客观地定义消费者是否满意；其次，消费者所期望的未必对其有利。因此，营销者可能会在短期内获得一个满意的顾客，但从长期来看，却因让消费者满意而使消费者和社会均受损。他认为营销的责任是创造新的产品，使之既能使消费者近期满足，又能维护消费者长期利益。

科特勒在近期满足和长远利益的基础上提出了一个示例，以区分现存产品。

理想产品是那些既能提供近期满足又能维护消费者长远利益的产品，如味道好、有营养的早餐。愉悦产品是指那些提供高度近期满足却会损害消费者长远利益的产品，如香烟。有益产品是指那些吸引力低却对消费者长期利益有益的产品，如低磷的洗涤剂。缺陷产品是指那些既缺乏吸引力又没有好的质量的产品，如味道很差的低效药品。

制造商最好忘掉缺陷产品，而要对愉悦产品和有益产品做大量工作。同时，制造商应下大力气去开发一些理想产品，如新食品、纺织品、家电和建筑材料等，它们既有内在的吸引力又有长远效应。愉悦产品的问题是虽然销售情况很好，但最终会损害消费者的利益。其机会就在于对产品进行一些改动，增加有益因素，又不失其愉悦因素。有益产品，如一些服饰和许多健康食品，对顾客有益，但缺少愉悦因素。营销者的任务是在不牺牲其有益质量的前提下增加其满意质量。

这种建立在长远顾客利益和短期顾客满足两个标准之上的四重产品分类有着很高的价值。我们可以说长远顾客利益检验了营销的效果，而短期顾客满足则检验了营销的效率。因此，一个具有理想产品的企业既有效果又有效率，并在营销过程中使公司和公众利益获得平衡；一个充满愉悦产品的企业很有效率也会很赢利，但从社会方面来看却未必有效果，因而它需要社会管制；而一个充满有益产品的企业会有效果，但缺乏效率和有效性，因而需要政府激励和公众赞助。

三、西方式营销——市场分析的应用

1. 发现和分析市场机会

（1）发现市场机会。

发现市场机会是市场营销管理的首要任务。从某种意义上来说，企业的营销活动就是围绕着如何利用市场机会来进行的。一个企业如果不能经常地寻找到可以利用的市场机会并善加利用，它就很难取得发展，也就谈不上增强企业的市场竞争力了。

所谓市场机会，就是指市场上存在的某些未被满足的需要，他们可以由企业利用自己掌握的资源，将其转化为现实的需求，并提供相应的产品和服务来满足。市场机会可以分为以下几种。

①环境机会与公司机会。在环境变化中需求也随之发生变化，客观上存在着许多未完全满足的需要，也就是存在许多市场机会，这些市场机会是环境变化客观形成的，因此称之为环境机会。但环境机会对不同的企业来说，并不一定都是最佳机会，因为这些环境机会不一定都符合企业的目标和能力，不一定能取得最大竞争优势。只有环境机会中那些符合企业目标与能力、有利于企业发挥的市场机会，才是公司机会。

②表面市场机会与潜在市场机会。在市场机会中，有的是明显的没有被满足的市场需求，这种未被满足的需求就称作表面市场机会；而另外一种则是隐藏在现有某种需求后面的未被满足的市场需求，这就是潜在市场机会。

③行业市场机会与边缘市场机会。行业市场机会是指出现在本企业经营领域内的市场机会；边缘市场机会则是指在不同行业之间的交叉与结合部分出现的市场机会。

④目前市场机会与未来市场机会。由于目前市场上存在的未被完全满足的需求而引起的市场机会是目前市场机会；未来市场上可能存在的未被完全满足的需求所引起的市场机会是未来市场机会。

⑤全面市场机会与局部市场机会。全面市场机会是在大范围市场（如国际市场、全国市场）出现的未满足的需求；而局部市场机会则是在一个局部的市场（如某个省或某个特定地区）出现的未满足的需求。

（2）分析市场机会。

营销人员在仔细研究市场变化的时候，往往会发现许多市场机会，但这些机会并非都能成为本企业的发展良机。那么，哪些机会是可供企业利用的呢？这就需要营销人员对所发现的市场机会进行分析评价。分析时主要应把握以下几点。

①市场机会与本企业目标统一性分析。即利用该市场机会是否有利于实现企业的目标，市场机会是否符合该公司制订的宗旨。例如，国外一家公司确定本公司宗旨是满足用于和平需要的原子能的利用、开发和制造。

而在某些局部市场上出现的市场机会则是用于军事需要。显然，这些市场机会和公司宗旨是相违背的，并且还会对公司宗旨起到损害作用。因此，这一市场机会就应该弃之不顾。

②市场机会同公司能力统一性分析。即在评价市场机会时，要尽量选择能充分发挥企业能力的机会。而在判断企业的能力时，诸如企业是否拥有利用该市场机会的资金、技术、设备、技术开发能力及经营管理能力等都是应考虑的因素。超越企业能力的市场机会，对企业来说，不仅不能获得充分的竞争优势，有时甚至会给企业带来损失。例如，某些建筑公司承接了超越自身能力的建筑项目，不能保质保量按期完成任务，甚至造成工程不合格、用户拒绝验收等情况，这就给企业信誉带来很坏的影响。但在市场机会与企业能力配合得十分恰当的情况是不多见的。所以，某些市场机会虽然不能充分发挥企业能力，但仍可在企业考虑范围内，企业应尽量发展该项市场机会，以期充分利用企业的能力。

③企业能否获得最大的"差别利益"。即企业在利用该机会时是否比竞争者拥有更大的优势，是否能获得比竞争者更大的利益。例如，假定北京日化三厂、广州牙膏厂和沙市日化总厂都认为开发男性化妆品是一个市场机会，有意进入这一领域，究竟谁能享有最大差别的利益呢？北京日化三厂由于生产化妆品历史较长，而且该厂"奥琪"系列化妆品在消费者中的知名度和信誉均属上乘，可以说具备较好的条件。而对沙市日化总厂来说，尽管"活力28"洗涤剂在消费者中知名度很高，但该厂在化妆品领域内却默默无闻。广州牙膏厂则又逊一筹，因为牙膏的专业领域更窄，该厂虽然也有"洁银"牙膏等产品拥有很高知名度，但从消费者观点看，它同化妆品相去甚远。因此，在这一市场机会中，北京日化三厂能享有最大差别利益。

2. 选择目标市场

由于任何产品的市场都存在着许多具有不同需要而且分散在各地的顾客群，任何一个企业，即使是大企业一般也不可能满足所有顾客群的不同需要。这就需要企业确定自己将为满足哪些顾客群需要服务，也就是确定明确的目标顾客。因此，企业在市场营销活动中，应把一个产品的总体市场划分成若干个具有不同需求特征的细分市场，然后对这些细分市场的需求特征分别进行评价，结合企业的目标、资源及优势等，选择其中某些细分市场作为目标市场。同时，企业还要根据自身的特点以及主要竞争者的情况，确定企业在目标市场中的合理位置，从而更好地为顾客服务，更好地实现企业目标。

在选择目标市场时有以下模式可以考虑。

（1）单一市场集中化。

指企业只选择一个细分市场进行集中营销。通过集中营销，企业能更清楚地了解细分市场的需求，从而树立良好的信誉，在细分市场上建立巩固的市场地位。同时，企业通过生产、销售和促销的专业化分工，提高经济效益。一旦企业在细分市场上处于领导地位，它将获得很高的投资收益。但是，集中营销的风险比较大，一旦在特定的细分市场上失败，则整个企业都有倒闭的危险。基于这个原因，许多企业宁愿在多个细分市场上同时开展业务。

（2）选择性专业化。

指企业有选择地进入几个不同的细分市场，每个细分市场都具有吸引力，并且符合企业的目标和资源水平。这些细分市场之间很少或根本不发生联系，但在每一个细分市场上都可赢利。这样能分散企业的风险，即使其中一个丧失了吸引力，企业还可在其他细分市场上继续赢利。

（3）产品专业化。

指企业同时向几个细分市场销售一种产品。通过这种战略，企业可在特定的产品领域树立良好的信誉。

（4）市场专业化。

指企业集中满足某一特定顾客群的各种需求。通过在某个顾客群中树立良好的信誉，企业可以向这类顾客群推销新产品，成为有效的新产品销售渠道。

（5）全面进入。

指企业为所有顾客群提供他们所需要的所有产品，只有实力强大的大公司才可能采取这种方式。

3. 营销战略的实施

营销战略只有付诸实施，才能保证战略任务和目标的实现。为了有效地实施营销战略，企业应做好以下几项工作。

（1）必须设立执行战略的市场营销组织，专门从事市场营销的有关职能工作。对小企业来说，一个人可能就能做所有的营销工作，如营销研究、销售、广告、顾客服务等；而对于大企业来说，就需要找多个营销专家，像销售人员、销售管理者、销售研究者、广告人员、产品和品牌管理者、市场细分管理者以及顾客服务人员等。

（2）要有一位企业高层管理者负责协调市场营销工作，其任务有两项：一方面要合理安排营销力量，协调全体市场营销人员的工作，以保证营销工作的顺利进行；另一方面要协调与生产、财务、开发、采购和人事等职能部门的关系，促使企业各部门同心协力搞好营销工作，以满足顾客需要。

（3）要精心选择市场营销人员，并给予相关的培训和指导，还要定期对他们进行考核与激励，要定期与下属见面以检查他们的业务，评估他们的实力，指出他们的缺点并提出改进意见。

第2章

营销中品牌管理的演进

一、营销管理创新——1931 宝洁模式

1926 年，尼尔·麦克尔罗伊（Neil Mcelroy）刚从哈佛大学毕业，被美国宝洁公司指派负责规划宝洁第二个香皂品牌"佳美"的广告活动。1930年，宝洁决定为"佳美"选择新的广告公司，并向这家广告公司许诺，绝不为竞争设定任何限制。这样，跳出宝洁另一品牌"象牙"翻版阴影的"佳美"的销售业绩迅速增长。于是，麦克尔罗伊萌发了"一个人负责一个品牌"的构想，并于 1931 年 5 月 31 日起草了一个具有历史意义的文件——《品牌管理备忘录》。这就是品牌经理制的起源。

所谓品牌经理制就是企业为其所辖的每一品牌专门配备一名具有高度组织能力的经理，令他全面负责该品牌的产品开发、产品销售以及产品的利润，并由他统一协调产品开发部门、生产部门以及销售部门的工作，处理品牌管理影响产品的所有方面问题的整个过程。

一般来说，在公司拥有不止一个产品品牌，各个产品品牌之间存在差异或者是产品数量较多，以至于按职能设置的营销系统无法良好地运转协调各个产品之间市场关系的情况下，建立上述的品牌经理制度是比较合适的。

品牌经理制的推行为众多企业解决了在多品牌运作上出现的诸多问题，主要表现在下面几个方面。

1. 增强各个职能部门围绕品牌运作的协调性

在实施品牌经理制以前，各个职能部门通常容易以本部门为中心各自为政地从局部着眼，甚至是以推诿的态度，为了简化自己部门的工作来制订运作计划，往往不能为一个品牌的整体运作做出精心全面的策划。这样就会严重分散企业内部有限的资源，无法协调各个部门合力地运作，企业品牌成功的概率不是很大。在品牌经理制度下，企业委任的品牌经理负责某品牌的运营全过程，一个熟悉公司各个环节的品牌经理，能够从整体来考虑品牌的利益，并运用制度的力量去协调各个部门使其围绕品牌作出种种努力，明确每个部门对每个品牌在每个时间点上所承担的任务，清除部门之间的推诿、扯皮现象，防止因不熟悉情况而产生的盲目性及因贪图方便而因循守旧，导致企业品牌的整体受到影响甚至伤害的情况发生，使企业的每一品牌在追求商业机会的激烈市场竞争中能够得到企业上上下下所有资源的一致有力的支持，从而实现各个部门的局部最优而使企业的整体得到最好的优化。

2. 以顾客的要求改进产品的市场定位，快速实现产品的个性化

使用品牌职能管理方式的企业比较习惯的运作方式是先开发新产品，再给产品定价，最后再卖给消费者，它们很少注重顾客的需求，导致产品的市场定位趋同，很难形成产品的个性化。随着市场竞争的加剧，产品市场已由卖方市场转变为买方市场，顾客是公司的"上帝"，公司在研制开发新产品时，不得不考虑"上帝"们的需求偏好。在品牌经理制下，由于各个品牌的主管不同，他们都会极大地关注竞争的差别性优势，即产品的差别性优势，主要包括产品特点差别性、品牌作风差别性、价格成本差别性、促销手段差别性，等等。消费者的要求一开始就通过品牌经理制约了新产品研制开发的各个环节，品牌经理在新产品研制开发实施前首先考虑消费者的需求偏好，确定新产品的目标市场，确定新产品的档次、价格，对新产品进行了很好的市场定位，并根据这一市场定位来指出新产品的功能和要求，计算出产品的目标成本，使科研部门和生产部门在新产品开发之初就有明确的成本控制目标和产品的个性化特征。这样可有效地克服产品和品牌的同性现象，以品牌的个性来改变品牌的市场定位，以个性化战略来参与激烈的市场竞争并最终赢得竞争的胜利。

3. 从整体形象出发，以个性化维持品牌的长期发展

未来市场只有个性化的产品才能够获得消费者的垂爱，品牌经理就犹如培养产品个性的保姆，他们专司品牌运营之职，监控市场变化与品牌运营状况，加上品牌经理制下的企业协调性增强，使得品牌运营活动适应市场的能力大大提高。品牌经理不但在产品的延伸方面会始终如一地去保护品牌个性，而且在销售过程中也能有效地消除很容易出现的短期行为。如宝洁公司的浪沙洗涤剂销售已有 40 多年，浪峰牙膏已行销 30 多年，佳美香皂已行销 60 多年，而象牙香皂已行销 110 年以上。这些品牌之所以能长期发展并立于不败之地，就是因为他们的品牌管理部门能够充分地以整体形象来考虑品牌的发展策略，以个性化操作来延长品牌的生命周期。

4. 以目标管理丰富顾客价值

消费者在进行消费的时候最关注的主要是商品是否物超所值，而商品的价格是其中的关键因素。企业制订产品价格的根据是产品的成本和企业的利润率。品牌经理需要对产品销售额和毛利率负责，就必须从一开始就注意控制各个环节的支出，一旦发现异常情况，就要迅速地作出反应。有效的成本控制和服务的不断改进，可以有效地提高产品的市场竞争能力，丰富与提升产品的价值，使消费者真正感到物超所值，从而推动企业的生产和销售等方面同时发展，即推动企业的整体发展。

简而言之，品牌经理在产品研制开发时应考虑到消费者的需求偏好，确定新产品的目标市场，确定新产品的档次、价格，对新产品进行市场定位，使产品市场定位的领先得到落实。品牌经理应有独立的权限对生产过程加以监督、检查和控制。品牌经理在销售环节有权选择销售渠道，制订

促销策略及广告宣传策略，也能有效地克服销售过程中容易出现的短期销售行为，品牌经理会根据品牌的长远利益，作出正确的选择，使品牌得到长期的发展，为名牌的形成打下坚实的基础。也就是，品牌经理从全局上把握品牌战略，并运用制度力量使创名牌工作得到落实和保证。品牌经理制的实施，为创出名牌提供了组织上的保证，有利于提升品牌的市场竞争力和生命力。

二、品牌经理制的缺憾和软肋

品牌经理制能够有效地协调企业营销及研发、生产等部门的职能，以对市场变化作出积极响应。但也存在一些缺点，具体表现如下。

1. 品牌经理缺乏整体观念

在品牌经理制下，因各品牌经理业务上相互独立，极易因为保持各自品牌产品的利益而发生摩擦，各个品牌的各自为战可能会使得每个品牌的风格自成一体，导致整个公司品牌形象杂乱无章，缺乏整体的、全局的考量。

2. 品牌经理管理权力有限

品牌的运营需要协调企业研发、生产、市场等职能部门的关系，而品牌经理由于得不到足够的授权，难以协调有关部门的相互关系，从而无法有效地履行其职责。品牌经理只能依靠劝说的方法取得广告、销售、生产等部门的积极配合与支持，其成效低，且往往达不到预期的目标。

3. 多头领导造成困惑

由于岗位权责划分不够清晰，下级可能会因多方面的指令而困惑。例如，产品广告总监在制订广告战略时，需接受产品市场营销经理的指导；而在预算和媒体选择上，则受制于品牌经理，这易导致品牌运营计划难以有效地贯彻执行。

4. 品牌管理费用过高

由于同一家企业的不同品牌也相互视为竞争者，致使每个品牌都需要独立投入，结果出现重复建设、资源内耗等现象。可见，品牌经理制的管理方法需要较大的资金支持。因此，品牌经理制适于规模较大的企业运作，而不适于中小企业的专业化品牌的战略运作。

三、品类经理制模式——品牌经理制的变形

为了克服品牌经理分散管理的弊端，妥善处理品牌长期发展战略和短期战术运作的关系，促进企业各品牌的协调发展，在强调企业整体竞争力背景下产生了一种新的品牌管理模式，即品牌整合管理。这是一种由企业高层管理者从企业发展的战略高度对企业品牌（或产品品牌）进行的系统化管理，而不是将品牌交由处于较低层次的品牌经理进行的分散管理。这种新的管理模式，将企业内部众多品牌（从高层的企业品牌到底层的产品品牌）整合起来，使之彼此关联、互为支撑、相互促进，形成一个有机的整体，凝聚合力，而非各自为战。

品类经理制（即产品大类经理）是与这种新的品牌管理模式对应而生的一种品牌管理组织形式。

1994 年，英国《经济学家》杂志发表了题为《品牌经理制的终结》一文，对品牌经理制的弊端进行了尖锐的批评。而在实业界，美国的宝洁公司也同时在探索一种更好的品牌管理组织形式，这就是品类经理制。品类经理制也称为品牌事业部制，是指为多个品牌构成的一个产品类别设置一名经理，由其负责该品类的管理和赢利。在本质上它与品牌经理制一样，都是设置专职管理人员来负责品牌管理，且都是由各职能部门人员共同组成的一种矩阵式管理组织形式；不同之处在于品牌经理制是负责具体一个品牌的管理，而品类经理制是同时负责几个同类产品的品牌管理。

品类经理制的优点是能够协调品类内各品牌的关系，整合各品牌的优

势，避免了品牌经理制中出现的资源内耗和重复建设；能够充分利用品类经理的行业专业优势，提高品牌管理的效率。它的缺点是虽然强调了各品牌之间的协调与配合，但品类与品类之间依然缺乏整合，从而导致公司整体品牌形象不突出、不鲜明、不统一。

第3章

营销管理成为独立的学科

一、营销从经济学母体中分离

管理学派注重从企业管理决策的角度研究营销问题，由管理学派、系统学派和社会交换学派等分支构成，产生于20世纪四五十年代，正值西方国家由卖方市场向买方市场转型的过渡时期。在买方市场新形势下，企业决策者必须研究在营销方面如何迎合购买者需要，即如何面向市场、适应市场和开拓市场。与此同时，营销理论的发展也进入了管理导向的新时期。

20世纪40年代末50年代初，一些经济学家转向了一个新的大胆的研究方向，就是把学术人员获得的大量的通常很抽象的经济学理论转化为商业实践的理论，以供高级经理们在每天的管理工作中很方便地使用，从而开辟了管理经济学新领域。

在管理经济学家们开了先河之后，尤金·凯利、威廉·雷泽、温德尔·斯密、西奥多·莱维特和菲利普·科特勒等营销理论家也从 20 世纪 50 年代开始主张一种更加立足于管理的营销研究方法。然而营销管理思想的真正核心出现在 20 世纪 50 年代末 60 年代初学者们引入了营销近视、营销组合、市场细分等概念之后，这些都是为了高级经理们的应用而引入的。这些营销管理的概念被证明是相当有活力的，它们在现在的营销管理教科书中仍然被使用、受到重视。

这一学派在发展过程中一个最重要的概念性突破就是所谓的"营销组合"的出现。这一概念着重于让营销经理把营销任务看成是同时整合几个不同职能的过程。该学派是这样描述营销组合基本原理的：回答以下问题是很有必要的，根据管理所面临的环境应采用何种整体营销战略来获得有利可图的行为？在有利可图的条件下，为了得到理想的生意和消费者行为，应采用什么样的营销步骤和政策组合？特别是，怎样才能使广告、人员推销、定价、包装、渠道、存货以及营销规划的其他要素相互配合、统一运作以促成有利的行动？

在这一时期，管理学派的麦克特里克提出了营销观念，即只追求生产的效率可能是相当短视的；相反，营销者应当在作出关于生产的决定之前把注意力更多地集中于消费者的需求和欲望。如果一个企业要在瞬息万变的现代市场竞争中获胜，要做好营销工作就应在使用资源之前做好计划并正确地考虑竞争的作用和效率，并具备关于消费者的各类知识。因而，从管理的意义上说，营销的主要任务与其说是要有使消费者作出符合商业利益行为的技术，不如说是使商业行为更好地符合消费者利益。营销者应当把消费者需求放在优先于公司生产能力的地位。

这些学者进一步阐述了这种思想。总的说来，今天美国的商业正在经历着一场对自己的革命———一场营销的革命，这场革命起源于这样的思想：公司再也不是商业世界的中心，消费者才是今天商业世界的中心。我们的注意力已从生产之间的问题转移到营销的问题、从我们能够制造的产品转移到消费者想让我们制造的产品、从公司本身转移到市场。

二、霍华德的著作标志着
营销管理时代的来临

20 世纪五六十年代，美国国内生产和生活方式发生了巨大变化，人口逐渐由市区迁往郊区，购物中心庞大的停车场给顾客带来了便利，城市中心区的百货公司也开始在郊外设立分支机构。例如纽约的柯卫公司（E. J. Korvette，Inc.）和亚历山大公司（Alexander Co.）在 1960—1969 年分别在长岛和新泽西州设立了分公司，形成一种地区性的连锁百货公司。电子计算机的出现、储藏系统的完善以及生产设备的完全自动化，给生产和营销带来了明显的便利。折扣商店逐渐兴起，营销实践发展迅速，营销理论研究也开始迈向一个崭新的阶段。营销理论体系开始具有明显的管理导向，进而形成了现代营销学的理论框架，即以企业营销活动中目标市场的确定、营销组合的设计为基本研究内容。其间对营销理论的丰富和发展作出卓越贡献的代表人物当数奥德逊、霍华德和麦卡锡等。

在这一时期，学术界关注的焦点是营销知识的理论化和系统化，并运用其他社会科学的概念来解释市场行为。实际上，在"销售管理"研究中，管理方法主要用于培养学生的销售才能；在"营销学"研究中，管理方法主要用来使学生（尤其是非营销专业的学生）熟悉和了解营销活动中职业经理们面临的各种营销难题和营销决策。总体上，从 20 世纪 50 年代到 60 年代，营销思想的发展趋势是人们对营销理论的兴趣与日俱增。柯克斯和奥德逊《营销理论》一书汇集选编的论文，揭示了营销的各个方面，充分体现了营销与经济学理论、公共政策及其他社会学科之间的联系。其中社会物理学、心理学、行为科学、区域贸易和区际贸易等理论的阐述虽然有些不完善，但这毕竟是营销理论的起源，在以后的岁月里，这些理论得到了进一步的深化与发展。

奥德逊在《营销行为和经理行动》一书中，对"营销职能理论"进行了更深入的论述，分析了营销理论与其他社会科学之间的关系，指出市场行为是一种群体行为，而构成群体的个体要通过组织行为体系来实现其目标。奥德逊认为，所谓市场行为，就是解决问题的行为；而营销组织，就是一个为市场服务的行为系统。以此为基础，他提出了如下原理：①营销系统是一个投入—产出系统。②每个公司都具有一定的独特性，因而可以凭借差别优势参与竞争。③谈判是营销系统实现经济价值和达到力量均衡的重要手段。④交换的实质是买卖双方不断完善商品配置的过程。奥德逊将社会科学和物理科学中的许多概念引入到其营销理论体系中，并对营销理论加以系统化。他的上述思想在营销理论史上占据相当重要的位置，对营销理论的进一步发展产生了深远的影响。

凯利和雷泽编著的《管理营销：前景与展望》一书，对 20 世纪 50 年代盛行的各种观念进行了系统整理和归纳，其目的是启发读者对现存的营销问题展开创造性的思考和探索。书中特别强调了如下观点：消费者是营销努力的焦点，企业必须善于应变；营销规划对于实现营销目标至关重要；营销组合具有战略性作用；营销沟通日显重要。

奥德逊提出的理论颇具刺激性，凯利和雷泽则为营销理论的系统整合提供了理论框架，而留给其他学者的任务就是对营销理论进行令人接受的系统整合。采取的方式主要有两种，一是提供导论性的著作，以指导更专门的研究；二是为有关人士提供全面的理论阐释。然而，遗憾的是，一些营销管理的论著在从广泛性上进行整合时，往往要略去营销的社会层面；还有一些著作在对已有的营销原理进行修改时，没有将管理方法包括进去。

此外，营销知识理论化和系统化的另一重要表征，就是在营销学界出现了诸如产品生命周期、品牌形象、营销观念、营销审计等新概念。

20 世纪 50 年代初，迪安最先提出的产品生命周期的概念在营销理论史上占有很重要的地位。之后，莱维特对这一概念给予了高度的评价，从而使产品市场生命周期在营销领域得到了广泛的运用。以后该概念经历了多次修正，至今依然是一个使人感兴趣同时又颇具争议的问题。目前比较流行的是把产品市场生命周期划分为四个阶段（介入期、成长期、成熟期、衰退期）或五个阶段（介入期、成长期、成熟期、饱和期、衰退期）。

1955 年，西德尼·利维（Sydney Levy）提出了"品牌形象"概念，该理论受到了戴维·奥格威（David Ogilvy）的赞赏和肯定，以致在其讲话中被经常引用。不仅如此，它还为广告人员和公关人员所偏爱，并证明巨额的广告支出对于建立品牌形象是有益的。

1957 年，通用电气公司的约翰·麦克特里克（John McKitterick）提出了"营销观念"这一经营哲学，并称它是企业效率和长期赢利的关键。"营销观念"的核心由过去的"以产定销"转变为"以销定产"。

1959 年，哥伦比亚大学的阿贝·舒克曼（Abe Shuchman）提出了"营销审计"的概念。他认为，众多的公司被关在生产产品或推销导向的圈子里，不知如何去寻找公司的发展机会和途径；许多公司濒临倒闭或正在走向死亡却浑然不觉。公司应该定期进行营销审计，以检查它的战略、结构和制度是否与它们最佳的市场机会相吻合。此后，菲利普·科特勒进一步对营销审计进行了界定，指出"营销审计是对一个公司或一个业务单位的营销环境、目标、战略和活动所作的全面、系统、独立和定期的检查，其目的在于决定问题的范围和机会，提出行动计划，以提高公司的营销业绩"，并详尽归纳了营销审计的六大组成部分，即营销环境审计、营销战略审计、营销组织审计、营销制度审计、营销效率审计及营销功能审计的具体内容。

霍华德的《营销管理：分析和决策》一书主张从营销管理的角度论述营销理论及其应用。当时，以"管理"为题的论文、专著屡见不鲜，但在"管理"之前冠以"营销"尚属首创。该书有四个主要特点：管理决策导向；运用分析方法；强调经营经验；引进了行为科学理论。霍华德指出，营销管理的实质是企业"对于动态环境的创造性适应"。霍华德提出，营销经理的任务就是运用各种手段来实现最佳的环境适应。企业要在动态环境里生存和发展，就必须根据形势的变化采取相应的政策措施。直到 1961 年才出现令人较为满意的完整论述营销的著作，其中涉及正在不断完善的新概念以及从公司和社会的角度所进行的研究。

三、营销理论的新发展

第三次中东战争之后，世界经济陷入了依赖石油产品的严重短缺时期，短缺之后又是两位数的通货膨胀。抑制通货膨胀的努力导致许多国家的经济出现衰退。消费者从乐观主义转变为悲观主义。他们减少了支出，更加小心谨慎地购买产品。为适应这种环境变化，宝洁、IBM、麦当劳、通用面粉等公司开始注重营销管理，向营销要效益，收到了良好的效果。20世纪70年代营销理论的一个重要发展就是在营销学界出现了诸如营销定位、服务营销等新概念。

1972年，阿尔·里斯和杰克·特劳特（Al Ries and Jack Trout）发表了名为"定位时代"的系列文章，引起了强烈反响，并流行开来。它不仅用于广告定位，还用于产品定位，并发展成营销定位。里斯和特劳特认为，定位是"给产品在潜在顾客心目中确定一个适当的位置，以显示其与竞争对象不同的差异性"，即使公司没有在广告中为产品定过位，这些产品在顾客心中也是有一定位置的。他们还系统阐述了公司应如何运用定位去创立产品在顾客心目中的特定形象的策略和方法。

20世纪70年代后期，美国服务经济的快速发展引起了美国营销学者的关注。1977年，G. 林恩·肖斯塔克（G. Lynn Shostack）在《营销学报》上撰文，阐述了她对服务营销的独特见解。她认为，服务营销应从产品营销思路的束缚中解脱出来。此后，不少营销学家涉足于这一领域，并为此作出了重要贡献。肯尼思·P. 尤尔和格利高里·D. 乌帕（Kermeth P. Uhl and Gregory D. Upah）对产品与服务进行了较为严格的区分，指出两者之间有四个显著差异：①产品有形，服务无形；②产品可以储藏，而服务具有易逝性；③产品能运输，服务则不能；④产品能大量销售，服务相对于不同对象会有所不同。为了进一步明确服务营销的研究范围，克里斯托弗·洛夫洛克（Christopher Lovelock）提出了五个用以区别于产品营销的标准：

①服务行为的本质是什么；②服务组织与顾客之间的关系怎样；③从服务的供给讲，服务的规范性有多大以及判别标准有多少；④服务的供求特点是什么；⑤服务是如何传递的。通过对这五个问题的解决，服务营销的特点就会自然形成。莱维特对把产品与服务决然地分开表示异议，认为应用"有形与无形"来取代。另一些美国学者，如瓦拉里·泽斯梅尔（Valarie Zeithaml）等也都先后提出了有关服务的一些特性以及解决营销方面的特殊问题相应的举措，但指出这些均起源于产品与服务的共同属性，它们都要求以相同的营销战略做指导。值得指出的是，服务营销在今天仍是营销学界研究的热门课题。

四、营销研究的核心是"交换"

虽然从不同的理论角度进行研究的营销学者很早就知道营销的基本目的是便利买卖双方之间的交换，但直到 20 世纪 60 年代中期才有一群学者创立了社会交换学派。其代表人物有威廉·麦克伊内斯、麦尔斯·W. 马丁（Mles W Martin）、菲利普·科特勒、奥德逊等。

1. 交换法则的提出

当产品和服务的制造者和使用者寻求通过交换来满足他们的需要时，市场便从人们的社会交换中产生。营销是一项实现并维系生产者和消费者的潜在交换关系的活动。其基本任务一直与市场相关。社会交换学派提出了交换法则来解释双方决定进行交易的原因。交换法则定义如下：

假定 x 是集合 A1 的一个元素，y 是集合 A2 的一个元素，当且仅当满足以下三个条件时，x 可与 y 交换：

（1）x 与 y 不同；

（2）集合 A1 的力量能通过失去 x 得到 y 而加强；

（3）集合 A2 的力量能通过失去 y 得到 $\dot{x}$ 而加强。

这一交换概念最重要的特征是交换者的感觉和偏好在决定交易的过程

中起关键作用。从决策者的立场上观察交换，我们可以说如果他认为该交换最好，则交换是最优的。类似地，若交换的另一方决策者也认为该交换最好，交换就是最优的。具体情况提供了交换的机会，双方可获得的替代物都不是无限的，仅局限于少数。个人必须以其对替代物的现有知识和其偏好的排序为指导进行决策。

2. 营销的一般概念

交换学派的另一个高潮出现在 1972 年，菲利普·科特勒提出了营销的一般概念。他对营销的基本核心的认识是，营销的核心概念是交易，交易是双方的价值交换。有价值的事物不仅局限于产品、服务和金钱，还包括其他的资源，如时间、能量和情感等。

为了进一步强调交易或交换是营销的核心的观点，菲利普·科特勒探讨了营销者怎样寻求方便地形成交换关系。他认为，营销是从目标市场获得有价值的反应的特定观察方法，必须认清交换价值，营销计划也必须以交换价值为基础。营销者应试图发现一些方法使人们在自由行动时，对获得和放弃之间的交换有更深刻的感知。营销者是理解人们的需要和价值、了解应该从哪些人获得什么的专家。

20 世纪 70 年代中期，这一学派的学者宣称社会交换学派处于营销学界领导地位。他们将交换系统定义为一系列的社会行动者及他们之间的关系和影响社会行动者行为的内生变量与外生变量。

这些学者指出，传统的交换观念对理论上决定交换的因果关系论之甚少，当交换双方认为其所属集合可以得到改善时才进行交换，这对于一个理论来说是不充分的。营销者要知道为什么和何时个人会采取某一特定的行动。营销理论涉及两个问题：为什么人们和组织加入交换关系？交换是如何产生、决定和避免的？另外，他们还提出营销的一般理论应建立在交换概念之上，营销者对学科独特的中心的定位是必不可少的，如果不能做到这一点，学科的发展就会受到阻碍。交换是营销的核心概念，是营销一般理论的基础。他们宣称交换过程应被视为一种社会活动而不是孤立的个人作出的单独的决定，买方和卖方不再被独立地对待，也不再对刺激做出独立的反应。营销活动现在被认为是固有的社会活动，交换的结果依赖于买卖双方的讨价还价、谈判、权力、冲突和分享。

他们进一步认为，交换关系是以下三种决定因素的函数：①社会行动者变量，包括吸引、相似性、专门知识、声望等；②社会影响变量，特定的行为、双方的沟通和双方之间的信息交换；③环境变量，包括满意的替代资源的可得性、生理和心理背景、合法和标准环境。

他们对交换概念作了如下总结：可以按照结果、过程和行动三种类型成功地感知交换，每种类型在不同程度上各自、联合、共同地作用于个人。过程是心理状态，由感情因素、认知因素和道德因素组成。它们通常通过交换对象来传达，通过交换来执行功能。最后一个表现交换的变量是通过作为交换产物的行动者行为，行为可能代表个人选择或共同的反应。

3. 营销的基本原则

社会交换学派的一些学者认为，借鉴了其他学科交换理论的成就并不足以构建一个正式的营销交换理论（甚至是正式理论的基础），从经济学、心理学和社会学借鉴交换理论直接用于营销是危险的。对这些理论和概念的依赖会限制营销交换理论的建立，当然营销交换理论的许多方面也许要借用或联系这些领域，一个好的理论应当是综合性的。

这些学者一致认为，营销的基础是交换关系或交易，并且进一步提出，以前的探讨暗示营销科学是行为科学，寻求解释交换关系，考虑到营销科学的这种观点，可以得出指定交换的一方作为买者，另一方作为卖者是营销的基本原则。营销科学内部四个互相联系的基本原则：促成完美交换的买者行为；促成完美交换的卖者行为；促成完美和便利交换的机构框架；促成完美和便利交换的买者行为、卖者行为和机构框架的社会结果。交换是寻求目标行为的结果，发生在特定的条件下，由价值和使用价值的变化过程决定。交换关系比起孤立的交换有更丰富的概念，社会距离是与交换关系的变化有关的重要特征。

一位学者总结道，市场的基本模型由五个方面的现实和潜在的关系组成，分别是空间、时间、感觉、评估和所有权。市场潜力可用交换中的五种关系的独立程度来衡量。这些关系形成了市场的基本模式，市场潜力的五种关系决定每个营销机构的生存、发展及其绩效。交换背后的动力是需要的满足，我们将它表述为效用的实现。个人加入交换是为了提高其集合的力量。当然还有其他几种方法可以提高其自身的力量，其中包括自行生产和偷窃。

五、营销管理是比销售更广泛的领域

营销管理与上面所讲的组织或企业管理没有根本区别，它实际上是以企业营销活动为对象的管理活动，是管理活动在企业营销活动这个对象上的具体应用。因此，根据管理的定义，我们把营销管理定义为通过计划、组织、领导、控制等职能协调与整合企业营销活动中所有参与者的工作活动，与他们合作，有成效和高效率地完成营销任务。

根据这一定义，营销管理的内涵可以从三个方面来理解。第一，营销管理的目的，是为了使企业营销活动有更高的效率（efficiency）和更富有成效（effectiveness）；第二，营销管理的对象，是企业营销活动的所有参与者及其活动，既有可能是企业内部的员工（如企业的营销人员或外设机构），也可能是其他的企业（如中间商）或个人（经纪人）；第三，营销管理方法是针对企业营销活动的计划、组织、领导和控制。

首先，企业营销的主要活动可以分为调查与分析、营销战略策划、营销战略实施和营销战略监控。在这些活动中，调查与分析是其他活动的基础，为其他活动提供信息；营销战略的策划、实施和监控则对应于管理的四大职能，即计划、组织、领导和控制。

其次，在企业的每一项营销活动中，都有管理活动的参与。比如，在企业进行一个调研项目时，企业的相关负责人第一需要明确该项目的调研对象、调研目标、时间和预算，这就是在执行管理的计划职能；第二需要为该项目调配人员，并为每一个人分配任务，这就是在执行管理的组织职能；第三需要采用一些有效的方法、政策或措施激励调研人员努力工作，领导下属完成任务，这就是在执行管理的领导职能；第四需要从调研方法的科学性与可行性、调研结果的可靠性等方面对调研项目进行监督和控制，这就是在执行管理的控制职能；第五在企业的营销战略实施阶段，营销负责人需要按照企业的营销目标明确各相关部门的任务和责任人，并规定完成任务的时间和预算，这就是在执行管理的计划职能；第六各相关部门的负责人需要为完成自己部门的任务组织和调配人员，这就是在执行管理的组织职能；第七需要想办法领导和激励营销人员努力工作、完成任务，这就是在执行管理的领导职能；第八需要对营销人员的执行过程和执行结果进行评估，实施奖惩，这就是在执行管理的控制职能。

最后，营销与管理交叉渗透——从营销程序（内容）上看，企业的营销活动贯穿着计划、组织、领导和控制四大职能；而从每一项具体的营销活动上看，其中也渗透着对活动的计划、组织、领导和控制。正因为如此，现代营销学才认为营销与管理不分——企业营销就是企业对营销活动的管理。美国营销学会为营销下了这样一个定义："营销（管理）是为通过交换满足个人和组织目标而对商品、服务和创意进行构造（conception）、定价、促销和分销的计划和实施过程。"很显然，在这个定义中，营销就是营销管理。另外，本书对营销的定义，即"企业根据不可控因素的变化，通过目标市场的选择和对企业可控因素的动态组合，以高效率为目标市场创造价值的方式实现与顾客的交换，达到企业的营销目标"也有这种含义。科特勒模型最明确地表达了这种意思。

需要注意的是，我们这里将营销与营销管理的内涵分别讨论，目的就是要明确指出它们之间的这种关系。另外，想强调的是，销售如果只是有什么卖什么的活动，没有对相关活动的计划、组织、领导与控制，那么虽然从广义上讲也可称其为营销（因为它在交换），但它不是营销管理。正如彼得·德鲁克所言："营销的目的就是要使销售成为多余的。营销的目的在于深刻地认识和了解顾客，从而使产品或服务完全适合他的需要而形成产品的自我销售。理想的营销创造准备购买的顾客，企业要做的就是想办法让顾客便于得到这些产品或服务。"如果把其中的营销改成营销管理，意思就更清楚了：营销管理的目的就是要使销售成为多余的。

管理对象的独特性决定了营销管理有着不同于其他管理的特点。与管理的职能相对应，营销管理人员的具体职责有：营销策划、营销组织、营销领导和营销控制。

营销策划指在市场调研的基础上，根据企业外部环境和企业的战略目标、自身的优劣势，对企业的营销目标、营销战略、营销组合因素（营销战术）进行规划的活动。具体内容包括分析和诊断企业营销的现状、分析和预测市场未来的发展趋势、建立营销目标、制订营销方案以及达成目标的具体行动步骤等。

营销组织指为了实现营销目标所进行的人员调配和任务分配。具体工作有两项，一是根据企业的营销战略规划选择责任人和组织队伍；二是在组织队伍之间和内部进行分工和协作，以保证营销目标的顺利完成。

营销领导指营销经理或营销管理人员指导、激励和影响其下属或其他合作企业的相关人员努力为实现本企业营销目标而努力工作的活动。包括的主要内容有了解和研究下属或其他合作企业相关人员的需要、动机与行为；采取措施调动他们为本企业工作的积极性，协调他们之间的行动；处理工作过程中下属之间发生的矛盾或冲突等。

营销控制就是对于企业销售队伍或企业销售分支机构的控制，主要内容包括：制订各种控制标准；检查工作是否按计划进行以及是否符合既定的标准；对每一个营销人员完成任务的情况进行监测；对营销人员执行计划的效率和效益进行评估，并适时加以调整。

六、营销走上管理导向是一个历史飞跃

1. 生产导向

生产导向（production orientation）是以生产为中心的一种营销理念。它有一个基本假设：企业生产得越多，它为顾客创造的价值就越大，得到的利润也就越多。企业的生产不是从市场需求出发，而是从企业自身的能力出发，"能生产什么，就卖什么"。企业营销管理的主要任务是，增加产量，降低成本，在销售上不花费太大工夫。

在产品供不应求的卖方市场情况下，企业通常会采用这种观念指导自己的营销活动。因为消费者缺乏选择，企业能产就能销，因此企业只要在如何扩大生产能力和规模上下工夫就可以了。美国在 20 世纪 20 年代以前，西欧在 1945 年以前，中国在 1990 年以前，企业倾向于采用这种观念。

2. 产品导向

产品导向（product orientation）认为，消费者已经有了足够的选择，企业要开拓市场，维持赢利，就必须提高产品质量和降低生产成本。产品导向一个经典的表达是"酒香不怕巷子深"——只要我的产品好，有高的性价比，不怕消费者不来买。

产品导向出现在市场竞争出现、消费者有一定选择自由的市场上。不过，企业之间的竞争主要表现为产品质量和价格的竞争。因此，企业重视产品质量的提高和生产成本的降低。企业在经营管理中以生产部门为中心，加强生产过程中质量和成本的控制。

相对于只抓产量不抓质量的生产导向而言，产品导向有了很大的进步。在市场竞争压力下，企业开始重视产品的性价比，相信企业只有为消费者带来高性价比的产品，才能在竞争中取胜。不过，在这种观念的指导下，企业容易得"营销近视症"，即企业管理者在营销中缺乏远见，只关注其产品，认为只要生产出优质产品，顾客就会找上门，而不关注市场需求的变化。它们往往把自己的经营范围定得过于狭窄，过分迷恋自己的"一亩三分地"，错把机会当成威胁，在市场发生变化时束手待毙。

3. 销售导向

销售导向（selling orientation）的基本观点是企业卖什么，就得想办法让人们买什么。它的一个基本假设是企业生产得多，不一定得到的利润大；企业只有卖得多，才能得到较大的利润。这种观点与前面两种观点在本质上没有区别。以这种理念指导营销活动的企业，还是"以产定销"，从企业的生产出发，只有在产品不好卖时，才把注意力放在销售上。

这种观点产生于卖方市场向买方市场转化的过程中。这时市场竞争加剧，除质量与价格竞争外，企业还需要与竞争对手进行推销和促销的竞争。然而，由于销售导向的先天不足，以其为指导思想的企业只是从企业产品和利润的角度考虑营销，向其销售人员强压销售任务，而销售人员为了完成销售任务则常常会漠视消费者的利益，进行强行推销或过度承诺。这不但会引起消费者的反感，还可能使消费者在不情愿的情况下购买了不需要的商品，有一种受骗上当的感觉。

实际上，销售只是营销中的一个环节，而且营销做得越好，销售就越不重要。试想，如果企业的产品或服务是消费者真正想要的，完全适合了他们的需要，那么消费者会自动找上门来求购。此时，销售还有那么重要吗？正是在这种意义上，德鲁克说，"营销的目的就是要使销售成为多余的。"从这个意义上讲，"酒香不怕巷子深"也有一定的道理。

4. 市场导向

市场导向（market orientation）也叫顾客导向，其基本观点是以市场需求为中心，营销活动自了解市场需求始，至满足市场需求终。市场需要什么，就生产什么，就卖什么。其基本假设是满足市场需求与企业得利之间有正相关关系——满足的市场需求越多越大，企业赢利也会越多。

这是一种以顾客为主、顾客至上的营销理念，产生于商品供过于求的买方市场。与上述三种以卖方为主的营销理念不同，在这种思想的指导下，企业一方面要深入了解顾客的需求，不断改善企业的服务态度、组织方法和销售文化，迎合顾客的口味及其变化，另一方面要设立顾客反馈与投诉机制，以顾客为本，妥善处理顾客的不满。因为商品供过于求，市场竞争非常激烈，企业需要利用各种手段与竞争对手争夺顾客。

判断企业是否树立了市场导向的营销理念，不仅要看它怎样说，更重要的是要看它怎样做。具体来说，就是要看企业了。

第一，是否进行深入细致的市场研究，根据市场需求组织营销活动。当然，这并不意味着企业只是被动地适应市场的变化、跟着市场走，而是要有超前意识，善于发现潜在需求并创造需求。生产导向、产品导向和销售导向并非一概无视需求，它们有时也考虑需求，但一般只是考虑现实需求。常常看到一些企业被市场牵着鼻子走，今天市场上热销甲产品，就生产甲产品，明天热销乙产品了，又改上乙产品。如果这样的企业多了，大家势必争着抢着生产现实需求较大的一种或几种产品；结果往往抢过了头，造成产品的大量积压。市场导向虽然也重视现实需求，但是更重视潜在需求，并设法将潜在需求转化成现实需求。为此只看表面现象是不够的，必须进行深入细致的市场研究。

第二，是否把企业再生产过程看成一个整体，应用系统方法，进行整体营销（integiated marketing）。现代企业之间的竞争不仅仅表现为价格、质量、销售或其他某一方面的竞争，而是表现为全方位的顾客竞争。为了在竞争中立于不败之地，企业必须把再生产过程看做一个整体，其中的每一个环节或因素都可能成为企业争夺市场的工具。企业不仅要善于利用每一种可能的工具，而且要将它们进行系统组合，开展整体营销。前面介绍的营销目标函数模型表达的就是这种含义。

5. 社会导向

社会导向（social orientation），在包含市场导向所有要点的同时，强调企业要关心社会福利和整个社会的可持续发展。它不但要求营销者满足顾客需求，而且还要求营销者为顾客的长远利益着想，特别是不去满足一些人有害于社会的需求。

这种营销理念产生于 20 世纪 80 年代。地球生态环境恶化，能源短缺，人口爆炸，贫困及饥荒蔓延，一些有责任感的企业和消费者意识到保护地球生态免受污染的重要性：维持地球良好的生态环境，不但是社会也是企业的长远利益所在，因此，企业绝不能以牺牲社会利益的方式来获取利润。

采用这种理念的企业，注重树立良好的企业形象及产品形象，致力于推动绿色营销和绿色消费，如少用塑料袋、少用木材、废物利用、不捕杀稀有动物、禁止香烟广告、采用天然成分生产化妆品等。

6. 战略导向

由于市场经营环境困难，竞争激烈，越来越多的企业发现以顾客为本、以社会为本，足以守成，足以拓展业务，但不足以保持企业的动态优势。要想长期保持竞争优势，企业就必须成功地应对竞争者的不断挑战。由此，产生了战略导向（strategic orientation）的营销理念。

战略导向是一种以创造企业竞争优势为导向的理念。它强调三个 C 之间的互动：企业（corporation）要比竞争者（competitor）更好地满足消费者（consumer）的需求，并由此创造出竞争优势。由此可见，战略导向与市场导向并不矛盾，战略导向包含市场导向的内涵——不断满足市场需求。所不同的是，它强调要比竞争者更好地满足市场需求。这也是我们此前为营销下定义时所说的"以高效率为目标市场创造价值"的含义。

在企业营销战略决策中"先 STP，再 4P"的策划思路，实际上贯彻了战略导向的理念。第一，战略导向将企业的营销战略视为企业总体战略的一个重要组成部分，是企业创造竞争优势的一个重要方面，因此企业制订营销战略要以企业的发展战略与竞争战略为前提；第二，营销战略要服务于企业总体战略，企业的营销目标要与企业的战略目标对接，企业的营销活动要与企业的战略步骤相对接。

7. 关系导向

关系导向（relationship marketing orientation）是一种以建立、发展和维持成功的关系交换为重点的营销理念。它的一个基本假设是企业在从事营销活动时，能够通过加强与营销有关各方的联系，提高竞争实力，获取竞争优势，达到双赢或多赢的局面。目前，社会上流行的客户关系管理（CRM）和大客户营销等，都贯穿着关系导向的营销理念。

传统的营销理论倾向于从企业与竞争者如何争夺消费者的角度研究营销现象，因此得出的理论只适用于指导企业如何利用企业内部资源，从营销过程中创造竞争优势。然而，在实践中，很多企业尤其是工业品生产者和服务企业却发现，企业的竞争优势不仅能够从企业内部得到，而且可以从企业外部（如企业与有关各方的合作关系）得到。比如，企业如果与原料供应商和产品采购者有良好的关系，彼此相互信任，那么在交易中就会节省大量的用于讨价还价和谈判的成本，也会避免由于彼此不信任而带来的问题。如果合作得特别好，还有可能建立起一套被称为"Just - in - time"的适时系统，系统中的各方都会从中受益。再如，企业如果与企业员工或政府有关部门建立起良好的关系，员工士气高涨，政府在必要时给予支持，那么企业将受益无穷。

20世纪80年代初，随着市场竞争的日益激烈和营销战略的广泛运用，人们发现许多精心策划的营销方案在实施过程中困难重重，难以达到预期的目标。其中的原因，并不是企业与顾客之间的关系出了问题，而是企业与其他方面的关系出了问题。于是，有人大胆地突破传统营销理论的框架，寻求适用性更广泛的营销理论和方法。关系营销把企业看成社会经济系统中的一个子系统，将企业的营销活动置身于社会经济活动的大背景中来考察，视为一个与消费者、竞争者、供应商、分销商、政府机构和社会组织发生互动的过程。因此，关系营销理论与关系导向应运而生。

8. 营销道德

营销涉及法律与道德问题。法律与道德从内外两个方面规范着企业的营销活动，告诉企业在营销活动中可以或应该做什么，不能或不应该做什么。这里，只谈营销道德问题，因为守法是企业营销的道德底线，大部分违反法律的行为也是违反道德的行为。

伦理学告诉我们，道德是一种调节人与人之间关系的特殊的行为规范体系。道德规范的特殊性在于，它不是由权力机构（包括政治的、行政的或法律的）制定的，也不依靠强力去维护；它由人们约定俗成，并且依靠人的内心信念和社会舆论来维护。当一个人做出不违法但违反道德的行为时，他虽然不会受到法律的制裁，但是却会受到社会舆论与良心（如果他有良心的话）的谴责。此外，个人或组织的道德行为会通过道德形象影响其长远利益。比如，企业依靠某种不道德的行为销售其产品，虽能得一时之利，但从长远看，企业形象受损，影响其未来发展。

然而，在很多情况下，判断一种行为是否符合道德，并不像人们想象的那么容易。同一种行为，基于不同的道德理论，对其道德判断的结论有时是不同的。依照评判是非与善恶标准的区别，伦理学可以分为功利论与道义论两大流派。功利论主要以行为的后果来评判行为的道德合理性——一项行为能给大多数人带来好处，则该行为就是道德的；一项行为如果以损害别人的利益尤其是大多数人的利益为代价，给自己或少数人带来利益，那么该行为就是在道德上有问题或不道德的。道义论则从直觉和经验中推己及人地归纳出某些人类应当共同遵守的道德责任或义务，并以这些义务的履行与否作为判断一种行为是否具有道德合理性的标准，"己所不欲，勿施于人"。比如，罗斯提出了六条基本的显要义务：第一，诚实，包括信守诺言、履行合约、实情相告和对过失给予补救等；第二，感恩，即我们通常所说的知恩图报；第三，公正，即一碗水端平，不厚此薄彼；第四，行善，即乐善好施、助人为乐；第五，自我完善，即发挥自身潜能，实现自身价值，不因善小而不为、不因恶小而为之；第六，不作恶，即不损人利己。所谓"显要义务"，是指在一定时间和一定环境中人们自认为合适的行为；这些行为对于神志正常的人来说不用深思便知应该去做，并以此而成为一种道德义务。

按理说，进行有道德的营销是企业营销的一种基本要求，是企业营销理念中的应有之意。不过，在实际工作中，受利益的驱使，一些企业常常做出违反社会道德的营销活动。2008年，震惊全国的"三鹿问题奶粉"事件波及了整个奶制品行业，导致了一场全行业的信任危机，拷问着企业家的道德良心。如果说以前营销道德问题还离企业很远的话，那么"三鹿问题奶粉"事件已经把这一问题摆在了企业面前：企业的不道德行为，可能在一夜之间就把好端端的一个企业毁掉。

第 *4* 章

市场研究产业繁荣与成熟

一、20 世纪 50 年代后期，市场研究成为专业的服务产业

企业市场营销的目标是要满足顾客的需要。为了实现这一目标，要求企业营销人员必须了解和研究市场，必须运用科学的手段进行市场营销调研。

1. 市场营销调研的概念

市场营销调研是指企业运用科学的方法和手段，对企业的营销环境及其发展趋势进行有目的、有计划的调查研究，为市场预测和企业营销决策提供依据。

市场营销调研实质上就是取得和分析整理市场营销信息的过程。市场信息作为除资金、原料、机器和人才之外的第五项资源，在企业营销中具有举足轻重的地位。市场营销调研是企业市场营销的基础，认真做好这一

工作，对于企业把握消费者需求，制订正确的产品、价格、营销渠道和促销策略，选择目标市场，保持和扩大市场占有率，达到企业的营销目标等都具有重要作用。

因此，无论西方国家还是我国的许多企业都十分重视市场营销调研，十分注意运用先进的信息技术和信息手段，建立自己的信息系统和信息网络，为企业提供最新的市场信息，给企业带来巨大效益。美国的企业通常将销售额的 0.02% ~1% 作为营销调研的预算。

2. 市场营销调研的类型

根据调研目标的不同，有不同类型的营销调研，大致可分为以下三种。

（1）探索性调研。指企业对需要调研的问题尚不清楚，无法确定应调查哪些内容，因此只能收集一些有关资料，分析其症结所在，再做进一步调研。其所要回答的问题主要是"是什么"。

（2）描述性调研。指通过调研如实地记录并描述诸如某种产品的市场潜量、顾客态度和偏好等方面的数据资料。其所要回答的问题主要是"何时"或"如何"。

（3）因果分析调研。即为了弄清原因与结果之间的关系的调研，如研究降价 10% 能否使销售额上升 10%。它所要回答的问题主要是"为什么"。

一般来说，应先进行探索性调研，然后再进行描述性调研或因果分析调研。

3. 市场营销调研的内容

市场营销调研的内容主要有以下几方面。

（1）市场调研。市场调研的目的是了解市场状况，发现企业的潜在市场，为企业今后制订市场营销策略提供可靠的依据。市场调研包括以下内容：经济形势和货币稳定情况、市场销售潜在容量、市场供应量、进出口量及其发展趋势。

（2）消费者调研。消费者需求是企业一切活动的中心和出发点。因此，营销调研应该以消费者为重要内容，其调研的主要内容有：消费者数量、消费者的地区分布、消费者的购买动机与购买行为、消费者的品牌偏好、消费者购买数量、消费者对本企业产品的设计、性能、包装有哪些改革要求等。

（3）产品调研。产品调研的目的是能够按消费者的需要不断推出新产品。调研内容有：产品设计、产品功能及用途、产品品牌或商标、产品包装、产品的生命周期、产品销售服务及产品开发。

（4）价格调研。价格调研的目的是为了制订正确的定价策略，调研内容有：影响企业定价的因素、产品需求弹性、不同的价格策略对产品销售的影响及新产品价格策略。

（5）销售渠道调研。企业需要了解中间商情况，建立合理的销售渠道来完成企业营销目标。销售渠道调研主要内容是中间商的信誉、实力以及需要多少个中间商。

（6）促销手段调研。通过对广告及其他促销手段的调查，可以制订本企业产品的最佳促销策略。调研内容一般包括广告媒体、广告效果、广告费用、推销人员分配情况及如何选择推销方式。

（7）竞争状况调研。企业要在市场上站住脚，保持和扩大市场占有率，必须对市场竞争情况进行调查，包括竞争对手的市场占有率、竞争对手的产品特点及服务特色等。

（8）宏观环境调研。社会的经济、政治、文化环境对企业营销具有不同程度的影响，因而也是营销调研的重要内容，包括国家经济发展状况对市场的影响；政府的有关方针、政策和法令等对市场的影响；世界政治环境对国内市场的影响；本地区民族构成、宗教信仰教育程度文化水平的状况对消费者的影响。

二、目标市场的选择与定位

1. 目标市场的定义

市场细分的目的在于有效地选择并进入目标市场。所谓目标市场，就是企业决定要进入的细分市场。它也是企业打算投其所好、为之服务的有相似需要的顾客群。

2. 目标市场评估

企业在确定了市场细分机会后，必须认真评价各种细分市场，以便选择企业要进入的细分市场。

在评估各种不同的细分市场时，企业应考虑两方面的因素。

（1）细分市场的吸引力。包括它的大小、成长性、盈利率、规模经济点、风险性、消费者的消费偏好以及消费者对本企业是否有成见等。

（2）公司的目标和资源条件。选择了目标市场，就意味着投资。某些细分市场虽然有较大吸引力，但不符合公司长远目标，因此不得不放弃；有些细分市场符合公司的目标，但应考虑本公司是否具备在该细分市场获胜所必需的技术和资源，如果公司在这个细分市场缺乏取得成果的能力，该细分市场就应放弃；企业光凭必要的能力还不够，如果它要真正赢得该细分市场，它需要比竞争者有优势。如果没有优势，也不应该进入该细分市场。

3. 目标市场选择

在对不同细分市场评估后，便可以对进入市场并为细分市场服务做出决策。企业在选择目标市场时有 5 种可供考虑的模式。

（1）密集单一市场。

即企业只选取一个细分市场，只生产一类产品，供应某一单一的顾客群，进行集中营销。其优点是优势集中；缺点是一旦失败，则全军覆没。因此，采用此模式时最好选择市场的缝隙（没有竞争者），采用集中化营销策略。

（2）有选择的专门化。

即企业选取若干个细分市场作为目标市场，这样可以分散企业的风险，即使某个细分市场失去优势，企业仍可继续在其他细分市场获取利润。应用这种模式应注意实施差异化战略，否则便失去意义。

有选择的专门化在无线电广播中运用得较为普及。如无线电广播既想要吸引年轻听众，又要吸引老年听众，于是设立两种不同的频道。

（3）产品专门化。

即企业集中同一种产品满足多个细分市场的同类需求。如饮水器厂只生产一个品种，同时向家庭、机关、学校、银行、餐厅、招待所等各类用户销售。其优点是企业专注于某一种或一类产品的生产，有利于形成和发展生产和技术上的优势，在该领域树立形象。其局限性是当该领域被一种全新的技术与产品所代替时，产品销售量有大幅度下降的危险。因此，要注意新技术的发展。

（4）市场专门化。

即以多种产品满足同一市场上的顾客的多种需求。例如，向大学实验室提供所需的一系列产品（如显微镜、示波器、玻璃器皿等）。其优点是专门为某一个顾客群服务，有望获得好的声誉，但一旦这个群体需求发生变化时，就有失败的危险。

（5）完全市场覆盖。

是指企业用各种产品满足各种顾客群体的需求。只有实力雄厚的大型企业才能采用这种模式。例如，国际商用机器公司（计算机市场）、通用汽车公司（汽车市场）和可口可乐公司（饮料市场）。

4. 目标市场定位

（1）市场定位的含义。

所谓市场定位，是指企业在所选定的目标市场上塑造出本企业产品与众不同的鲜明个性或形象，使之在该细分市场上占有相应的竞争位置的营销策略。

企业在市场定位过程中，一方面要了解竞争者在该目标市场上的市场地位，另一方面要研究目标顾客对产品的各种属性的重视程度，然后选定本企业产品的特色和独特形象，从而完成产品的市场定位。市场定位包括产品、价格、分销、促销等全方位的定位。有效的市场定位可以确定产品在顾客心目中的适当位置并留下深刻的印象，以便吸引更多的顾客，帮助企业取得目标市场上的竞争优势。失败的市场定位，则有可能使得产品或企业一败涂地。因此，市场定位是市场营销战略体系中的重要组成部分，它有利于树立企业及产品或品牌的鲜明特色，满足顾客的需求偏好，从而提高企业竞争实力。

（2）市场定位的途径和方法。

①市场定位的途径。

• 根据产品本身的特性进行定位。随着商品经济的发展，差异不大的同类产品大量出现，因而应采用突出产品特性的定位。如根据汽车产品的特点，本田定位于低廉的价格，宝马则突出它良好的性能。还可以根据产品提供的利益进行定位，如高露洁宣传它能够使牙齿更坚固，小护士突出它的防晒功能。此外，还可以根据使用者进行定位，如哈尔滨制药六厂的钙中钙成功地定位于中老年人，等等。

• 针对竞争者的产品进行定位。可以针对竞争者进行反向定位，也可以针对竞争者进行对抗定位，还可以采取回避竞争者的定位。

• 根据不同的产品种类进行定位。例如，一些"人造黄油"针对"白脱奶油"定位，另一些则针对信用油定位。

• 根据消费者的特色定位。如服装业可根据男士和女士的不同偏好、不同年龄消费者的不同服装偏好、不同职业消费者对服装需求的特点、不同收入水平消费者对服装需求的差异等进行定位。

②市场定位的方法。

• 避强定位。这是一种采取迂回的方式，避开强有力的竞争对手的市场定位。优点是能够迅速站稳脚跟，树立起品牌形象，市场风险较低。例如，七喜公司针对可口可乐公司在可乐业拥有强大支配力，并没有给其他品牌留下很大的发展空间的情况，推出了反其道而行之的定位战略，避开强劲的竞争，它推出了"非可乐"的汽水，成为定位时代的一项伟大创意。在实行了"非可乐"的定位后，七喜公司第一年的销售额猛增了 50%。

- 对抗性定位。这是一种"对着干"的定位方式。显然，这种定位方式有时会产生危险，但一旦成功就会获得巨大的市场优势。例如，中国轿车业的私立企业吉利面对低档轿车夏利等强手，直接对抗定位于同类产品。实行对抗性定位，必须清醒估计自己的实力，并知己知彼，不一定试图替代对方，能够平分秋色就是成功。

- 求次定位。在当今竞争激烈的市场上，有时竞争对手的实力可能比自己强。在这种情况下，求次定位不失为一种比较理想的定位方式。Avis的"求次定位"作为一个经典案例被载入了营销史册。

- 重新定位。重新定位是指企业根据市场现有定位情况，为重新获得活力而进行的第二次定位。这种定位旨在摆脱困境，重新获得增长优势。困境可能是企业决策失误引起的，也可能是对手有力反击或出现新的强有力竞争对手造成的。不过，也有重新定位并非因为已经陷入困境，而是因为产品意外地扩大了销售范围引起的。例如，专为青年人设计的某种款式的服装在中老年消费者中也流行开来，该服饰就会因此而重新定位。

- 间接定位。为了准确地确定产品或品牌的位置，有时还可以给竞争对手进行定位，以达到给自己定位的目的。例如，Raphael 开胃葡萄酒在一次广告中显示了一瓶标有"法国制造"的 Raphael 和一瓶标有"美国制造"的 Dubonnet。标题写着"每瓶少花 1 美元，你可以享受进口产品"。这则广告让美国人惊讶地发现：Dubonnet 原来是美国产品。可以说，Raphael 广告的制作者成功地通过对竞争对手 Dubonnet 进行定位而间接定位了自己。表面看来，这种方式并不是对自己产品或品牌的直接定位，但是，它却可以间接地达到这个目的。

三、消费者购买行为成为定性与
定量研究的重要组成部分

所谓消费者购买行为是指消费者为满足其个人或家庭生活需要而发生的购买商品的决策过程。在现实生活中，消费者购买行为并不固定，因为它会受到很多因素的影响，包括内在因素和外在因素。如果企业想要进行营销活动必须首先了解消费者购买行为受影响的因素，只有这样，才能制订相应的市场营销策略，最终实现企业营销目标。

1. 消费者购买的特征

满足消费者的需求不仅是现代市场营销理论的核心，同时也是企业营销的出发点和归宿。在激烈的市场竞争中，企业不仅要适应市场，还要想办法驾驭市场，如果想要驾驭市场就必须了解消费者的购买行为，同时也要了解其购买特征。

（1）购买者多而分散。

在现实生活中，人们为了生存或者是享受生活，必然会到市场中购买自己所需要的商品。消费既是一个集体概念，同时也有个体性，因为它涉及每一个人、每个家庭。所以，整个消费市场是一个人数众多、幅员广阔的市场。因为消费者位于不同的地理位置，而且他们购买商品的时间也是不统一的，所以在购买地点和购买时间上都有分散性。

（2）购买量少，多次购买。

在日常生活中，消费者群体多为家庭或者是个人，同时他们的购买力受到很多因素的影响，如消费人数、需要量、购买力、储藏地点、商品保质期等，很多消费者为了保证自身的消费需要，其购买商品的特点是批量小、批次多，购买活动频繁。

（3）购买的差异性大。

消费者的需求受很多因素的影响，如年龄、性别、职业、收入、文化程度、民族、宗教、消费习惯等，正因为需求不同，他们对商品的要求也各不相同。另外，消费者之间具有差异性还与消费习惯、消费观念、消费心理有着密切关系。

（4）大多属于非专家购买。

正因为消费者有着不同的需求，所以为了适应这种情况，企业只能生产多样产品来保证消费者的需求。然而，商品过于多样也会使消费者眼花缭乱，因为他们缺少专业知识，所以很难做出选择。其实，最终影响消费者选择商品的因素是他们自身的心情。所以，如果企业在商品的广告宣传、商品包装、装潢以及其他促销方式多花心思，必然会引起消费者的购买冲动。

（5）购买的流动性大。

因为每个人的购买力是有限的，所以他们在选择商品的时候非常慎重。另外，由于现在的市场经济比较发达，人口在地区间的流动性比较大，所以消费购买的流动性很大，这就造成了消费者的购买能力在不同产品、不同地区及不同企业之间流动，具有不稳定性。

（6）购买的周期性。

从消费者对商品的需求来看，有些商品消费者需要常年购买生活必需品，如食品、副食品、牛奶、蔬菜；有些商品消费者需要季节购买或节日购买，如服装、节日消费品；有些商品消费者需要等商品的使用价值基本消费完毕才重新购买，如电话机与家用电器。可见，消费者购买有一定的周期性，这必然导致消费者市场呈现一定的周期性。

（7）购买的时代特征。

消费者在购买商品的时候不仅是出于需要的原因，还有可能是因为受一些外在因素的影响，如时代精神、社会风俗习惯等，如由于社会特别重视知识，对人的要求提高，这就导致了人们对书籍、文化用品的需要明显增加。这些都显示出消费购买的时代特征。

（8）购买的发展性。

随着社会经济的不断发展和人民生活水平的不断提高，人们的消费需求也在不断推进，所以在购买商品的时候也有了更高的要求。在过去的时候，人们只要能买到商品就非常满意，现在人们购买商品不仅要求是名牌，而且还关注高档商品。这种情况也体现在其他一些方面，这体现了消费者需求的不断增加，同时也说明了消费者购买具有发展性特点。

对于一个企业来说，要想有好的销售业绩，需要了解消费者的购买特点，只有这样，才能有的放矢，最终更好地服务大众，实现企业的良性发展。

2. 消费者购买行为的类型

消费者的购买行为是消费者在一定购买条件和购买动机驱使下，为了满足某种需求而购买商品的活动过程。因为消费者有不同的购买条件和动机，所以可根据不同依据划分为不同的购买类型。

（1）根据消费者的购买目标划分的购买类型。

①全确定型。全确定型购买行为是指消费者在购买商品以前已经有明确的购买目标，对商品的很多方面都有明确的要求，如名称、型号、规格、颜色、式样、商标以至价格的幅度等，在这些消费者购买商品的时候，都会有目的的选择，一般不会受突发状况的影响，只要是他们需要的，在购买商品的时候不会有任何犹豫。

②半确定型。半确定型购买行为是指消费者在购买商品以前已有大致的购买目标，但没有明确具体要求，最后购买决定需经过选择比较才完成的。例如，消费者计划好了自己要买什么，但无法确定商品的牌子、规格、型号、式样……当他们进入商店之后，通过比较分析，最终确定自己的购买行为。

③不确定型。不确定型购买行为是指消费者在购买商品以前没有明确的或既定的购买目标，在他们进入商店之后，参观游览和休闲是他们的主要目的。如果碰到合适的商品，他们也会购买，但购买行为是没有什么计划性的。

（2）根据消费者的购买态度划分的购买类型。

①习惯型。习惯型购买行为是指消费者因为过分依赖或者喜爱某种商品或某家商店，他们会经常购买。由于经常购买和使用，所以他们对这些商品十分熟悉，如果再次购买，他们在选择商品的时候不会花费比较长的时间。

②理智型。理智型购买行为是指消费者在每次购买以前对所购的商品要进行较为固定的研究比较。消费者在进行这种购买行为的时候没有很多的感情色彩，对于商品的广告、宣传、承诺、促销方式以及售货员的介绍几乎是不感冒，他们有自己的主见，影响其购买的主要因素是商品的质量、款式。

③经济型。经济型购买行为是指消费者购买商品时特别重视价格，他们是否购买商品主要就是考虑价格。这种类型的购买行为往往对"大甩卖""清仓""血本销售"等低价促销比较感兴趣。一般情况下，他们之所以会如此在意价格与自身的经济状况有关。

④冲动型。冲动型购买行为是指消费者容易受商品的外观、包装、商标或其他促销努力的刺激而产生的购买行为。一般来说，冲动型购买主要是凭直观感觉，然后再结合自己的兴趣或者情绪，只要是吸引自己的商品就将其购买下来。

⑤疑虑型。疑虑型购买行为是指消费者具有内倾性的心理特征，善于观察事物，体验深，疑虑大。这种类型的消费者在选择商品的时候会前思后想，非常小心，花费的时间也比较多。

四、消费心理学的发展与成熟

1. 消费心理学的研究意义

我国从 20 世纪 80 年代中期开始研究消费者心理与行为，并从国外引进了有关消费者心理与行为的研究成果。

随着市场经济体制的逐步深入，我国消费品市场迅速发展，以消费者为主体的"买方市场"格局逐步形成。与此同时，广大消费者在消费水平、结构、观念和方式上都发生了巨大变化，逐渐由贫困型、单一化、被动式消费向小康型、多样化、选择式消费转化。消费者自身的主体意识和成熟程度也远远高于以往任何时期，从而在社会经济生活中扮演着日益重要的角色。正是在这一背景下，我国理论界及工商企业界对消费问题给予了前所未有的关注，关注的重点也由宏观消费现象向微观的消费者心理与行为拓展。

随着研究工作的深入，这一研究领域在我国已由介绍、传播进入到普及和应用阶段。各种调研机构纷纷开展对消费者态度、居民家庭计划、消费趋势预测等的调查研究，及时跟踪分析我国消费者心理和行为的变化动态。并且，政府有关部门也将消费者态度、预期、行为趋向等作为制定宏观经济决策的重要依据。企业则将消费者心理与行为研究的有关原理直接应用到市场营销活动中，用以指导和改进产品设计、广告宣传和销售服务等。实践证明，具有中国特色的消费心理学已经迅速建立和发展起来。

一般来讲，消费心理学有如下研究意义。

（1）有助于提高宏观经济决策水平，改善宏观调控效果，促进国民经济协调发展。消费者心理与行为的变化会直接引起市场供求状况的改变，从而对整个国民经济产生连锁影响。它不仅影响市场商品流通和货币流通的规模、速度及储备状况，而且对生产规模、生产周期、产品结构、产业结构以及劳动就业、交通运输、对外贸易、财政金融、旅游乃至社会安定等各个方面造成影响。近些年来在我国经济生活中所发生的几次重大起伏就有力地证明了这一点。

（2）有助于企业根据消费者需求变化组织生产经营活动，提高市场营销活动效果，增强市场竞争能力。随着经济的发展和收入水平的提高，一方面，我国广大消费者的消费需求日趋复杂多样，不仅要消费各种数量充足、质量优良的商品，而且要求享受周到完善的服务；不仅要满足生理的、物质生活的需要，而且希望得到心理的、精神文化生活等多方面的满足。另一方面，随着市场经济的迅速发展，所有企业都无一例外地被卷入市场竞争的激流之中，而市场供求状况的改善和多数商品买方市场的形成，使企业间竞争的焦点集中到争夺消费者上来。

（3）有助于消费者提高自身素质，科学地进行个人消费决策，改善消费行为，实现文明消费。消费就其基本形式来说，是以消费者个人为主体进行的经济活动。消费活动的效果如何，不仅受社会经济发展水平、市场供求状况及企业营销活动的影响，而且更多地取决于消费者个人的决策水平和行为方式。而消费者决策水平及行为方式又与消费者自身的心理素质状况有着直接的内在联系。消费者的个性特点、兴趣爱好、认知方法、价值观念、性格气质、社会态度、消费偏好等，都会在不同程度上对消费决策的内容和行为方式产生影响，进而影响消费活动的效果乃至消费者的生活质量。

此外，在消费变革的时代大潮中，面对丰富多彩的商品世界、变化多端的流行时尚以及外来生活方式的冲击，某些畸形的消费心理和行为也开始在部分消费者中滋生蔓延，如盲目模仿、攀比消费、超前超高消费、挥霍消费、人情消费等，从而反映出部分消费者素质较低，距离文明消费尚有较大差距。因此，有必要加强消费者心理与行为的研究，结合实际剖析我国现阶段各种畸形消费心理与行为现象的作用机制及其成因，树立文明消费的基本标准与模式，从而一方面促使消费者自动纠正心理偏差、改善消费行为、实现个人消费的合理化，另一方面利用示范效应、从众效应、群体动力效应等社会心理机制影响各个地区消费者群，引导社会消费向文明、适度方向发展。

（4）有助于推动我国尽快加入国际经济体系，不断开拓国际市场，增强企业和产品的国际竞争力。当今时代，开放、合作已成为社会发展的主旋律。随着社会主义市场经济的发展和世界经济全球化、一体化趋势的加强，特别是加入 WTO 以后，我国将进一步打开国门，越来越多地参与国际经济活动中。为了使我国的产品打入和占领国际市场，有关企业必须研究和了解其他国家、地区、民族的消费者在消费需求、习惯、偏好、禁忌以及道德观念、文化传统、风俗民情等方面的特点和差异，对世界消费潮流的动向及变化趋势进行分析预测，在此基础上确定国际市场营销策略，使产品在质量、性能、款式、包装、价格、广告宣传等方面更符合国外特定消费者的心理特点。

2. 消费心理学的研究对象

（1）研究消费者购买行为中的心理过程和心理状态。

消费者购买行为中的心理过程和心理状态，是一个发生、发展、完成的过程。这个过程是每个消费者都具有的，可以说是消费者心理现象的共性。心理过程和心理状态的作用是激活消费者的目标导向和系统导向，使他们采取某些行为或回避某些行为。如在零售商店里，有的消费者采取了购买行为，有的犹豫不决，有的浏览观望，有的拒绝购买，这些行为表现与他们的心理过程的发展阶段、发展速度和心理状态有直接关系。具体地说，对消费者购买行为的心理过程和心理状态的研究包括以下 3 个方面的内容：①消费者对商品或劳务的认识过程、情绪过程和意志过程以及 3 个过程的融合交汇与统一；②消费者心理活动的普遍倾向，以及这些心理倾向的表现范围、程度以及心理机制等；③消费者需求动态及消费心理变化趋势。

（2）研究消费者个性心理特征对购买行为的影响和制约作用。

消费者的心理过程和心理状态体现出他们的个性心理特征，而个性心理特征又反过来影响和制约消费者的购买行为表现。例如，有些消费者能对商品从社会价值、经济价值、心理价值等方面作出比较全面的评论，有的消费者则只能对商品作出某一方面的评估；有些消费者面对众多的商品，能果断地作出买或不买的决策，有的消费者则表现得犹豫不决。这些说明了消费者心理现象存在着明显的差异性。具体地说，消费者个性心理特征对购买行为的影响和制约作用包括以下 3 个方面的内容。①消费者的气质、性格上的差异，如何使他们分化为具有某些购买心理特征的群体。例如，具有胆汁质、多血质、黏液质或抑郁质气质特征的消费者，在购买行为中则表现出不同的心理活动特点。②消费者对商品的评估能力。例如，消费者对商品是深涉还是浅涉，女性消费者和男性消费者对商品进行评估的依据有何差别，少年儿童、青年、中年、老年消费者对商品评估能力各有什么特点。③时式商品、新潮商品、商业广告、售货方式、店堂设计对消费者心理的影响。例如，新颖趋时的商品怎样引起消费者的兴趣、物美价廉的商品如何受到消费者的青睐、引人入胜的商业广告又怎样激发起消费者的购买欲望。

（3）研究消费者心理与市场营销的双向关系。

企业的营销策略会影响消费者心理的产生和发展；反过来，不同消费者的心理特点和心理趋向也会对市场营销提出特定的要求。成功的市场营销，是能够适应消费者心理要求和购买动机的营销，是能够适应消费者心理变化而开展有效公共关系活动的营销。具体地说，对消费者心理与市场营销双向关系的研究包括以下3个方面的内容。①影响消费者心理的各种社会因素和自然因素。例如，收入水平、消费水平对购买序列、消费结构的影响；社会风气、风俗习惯对消费流行的影响；文化程度、职业特点对购买选择的影响；性别、年龄、气候、地域条件对购买心理的影响等。②商品设计如何适应消费者心理。例如，商品结构设计是否符合人体工程学的要求、商品装潢设计是否适应消费者审美要求等。③从心理学的角度开展企业营销中的公共关系活动。例如，对营业员、服务员进行培训，以提高企业在消费者心目中的形象和声誉；搞好店堂环境的设计和对顾客的接待，以吸引更多的消费者进店购物；对消费者心理作预测分析和咨询，以制订相应的营销策略等。

综上所述，围绕着消费者购买行为的"为什么""做什么""如何做"的问题，产生了本学科丰富的研究内容。

3. 消费心理学的研究方法

消费心理学的研究方法是多种多样的，这里我们主要介绍以下几种。

（1）观察法。

观察法是在自然情况下，有计划、有目的、系统地直接观察被研究者的外部表现，了解其心理活动，进而分析其心理活动规律的一种方法。

运用观察法，首先应有明确的目的，要制订研究计划，拟定详细的观察提纲。观察过程中对各种现象要敏锐地捕捉，准确、详细地记录下来，及时予以整理和分析，以利于科学结论的产生。由于观察法很少干扰或不干扰被观察者的正常活动，因而得出的结论比较符合实际情况；另外，观察法简便易行，可以涉及相当广泛的内容。但由于观察者往往处于被动地位，只能等待需要观察的现象自然出现，不能在必要时反复观察，因而观察所得的材料往往不足以区别哪些是偶然的、哪些是规律性的事实。此外，观察法对研究者要求较高，表面看起来观察法很简单，但实际运用起来难度非常大，因此，只有经过严格训练的人才能有效使用。

（2）实验法。

实验法是有目的地严格控制或创设一定的条件，人为地引起某种心理现象产生，从而对它进行分析研究的方法。因此，这种方法涉及在改变一个或多个变量（如改变产品特征、包装颜色、广告主题）的条件下，观察这种改变对另外一个变量（如消费者的态度或重复购买行为）的影响。实验法有两种形式：实验室实验法和自然实验法。

实验室实验法是在专门的实验室内借助于各种仪器来进行的。在设备完善的实验室里研究心理现象，从呈现刺激到记录被试者反应、数据的计算和统计处理，都采用录音、录像等现代化手段，实行自动控制，因而对心理现象的产生原因、大脑生理变化以及被试者行为表现的记录和分析都是比较精确的。自然实验法是由研究者有目的地创造一些条件在比较自然的条件下进行的，它既可以用于研究消费者一些简单的心理活动，也可以用于研究较复杂的心理活动。

自然实验法兼有观察法和实验室实验法的优点。由于自然实验法是在比较自然的情况下进行的，因此所得到的结果比较接近实际；又由于自然实验法是由研究者有目的地改变或控制某些条件，因此较具主动性和严密性，所得到的结果也比较准确。

（3）调查法。

调查法是从大量的消费者中系统地收集信息的方法。用调查法调查可以采用邮寄问卷、电话访问和人员访问等方式。

人员访问通常在购物现场进行，通过运用复杂的问卷和产品展示，能在较短的时间内从消费者中收集到大量的信息。邮寄问卷所花的时间较长，所问的问题一般应该比较简单。这种方法可用来收集中等复杂程度的数据，其优点是费用较低。电话访问的特点是完成迅速，能提供良好的样本控制（谁回答问题），而且费用也不太高，但询问的问题同样也应该简单一点。

（4）问卷法。

严格地说，问卷法也属于调查法，它是根据研究内容的要求，由调查者设计一份调查表，由被调查者填写，然后汇总调查表并进行分析研究的一种方法。

问卷法要求被调查者回答问题要明确，表达要正确，实事求是。对得到的材料做仔细的数量和质量分析，由此可以确定某一年龄阶段或某一阶层的人们的消费心理倾向。

问卷法的用途非常广泛，用它可以测量或衡量的内容包括：过去、现在或将要发生的行为；有关的人口统计特征，如年龄、性别、收入、职业等；被调查者的知识水平或对某一问题的了解程度；被调查者的态度和意见。

问卷的基本形式有两种：一种是封闭式的，另一种是开放式的。

①封闭式问卷。

封闭式问卷是让受测者从所列的答案中进行选择，有是非题、选择题、分类题和匹配题等形式。

是非题是让受测者在两个相反的答案中进行选择；选择题是让受测者在一个问题的多种答案中选择一个、两个或两个以上的答案；分类题是让受测者将所需调查的项目归为几类；匹配题是让受测者将一组答案中适合的项目分别匹配到提问的项目上去。

②开放式问卷。

开放式问卷是让受测者任意填写答案，不作限制，问卷上只有测试的问题。开放式问卷中的问题有自由回答题、自由联想题、造句题、投射测验题等形式。

自由回答题是只写测验的内容，答案由受测者自由填写，如让受测者对方便食品的优缺点各填写三个等。

开放式问卷常用来测验受测者的深层心理，投射法的问卷多属于这一类。

问卷既可以当场直接发放，让消费者填写后收回，也可以通过广告征询等让被调查者填写后寄回。此外，报刊问卷也很常见。邮寄问卷、报刊问卷可以做大范围的研究，样本较大，效率较高，而且被调查者不受他人和公开结果的影响，匿名性强，能独立地从容回答所列项目。其明显缺点是回收率一般较低，因而影响调查的精确度和调查的进度。

（5）访谈法。

访谈法是指调查者对消费者进行面对面、有目的的询问，以了解消费者对所调查内容的态度倾向、人格特征等的方法。

访谈法可以涉及一个访问者和一个被访者，也可以涉及一个访问者和多个被访者。前者被称为一对一访谈，后者被称为集中小组访谈。在一对一访谈中，访谈者要注意不能给被访者任何压力和暗示，要使被访者轻松、自然地回答问题，而不能有意识地影响被访者的回答。标准的集中小组访谈通常涉及 8 ~ 12 名被访者。一般来说，小组成员的构成应该能反映特定细分市场的特性。被访者是根据相关的样本挑选出来的。小组讨论由一名主持人组织，主持人一般在 1 ~ 3 个小时的讨论过程中将大致经历以下三个清晰的阶段：①与小组成员建立起融洽关系、设定访谈目标；②在相关领域激发热烈的讨论；③试图总结小组成员的各种反应，以确定小组成员在基本观点上一致的程度。

（6）投射法。

投射法用来测量消费者在一般情况下不愿意或不能披露的情感、动机或态度，是"根据无意识的动机作用来探询人的个性的方法"。

常用的投射法有很多，如角色扮演法、主题统觉测验、造句测验等。所谓角色扮演法，就是实验者向被试者描述某种情景，然后让被试者充当情景中的某一角色，观察被试者在该情景中的反应，从而取得实验结果。这是一种间接调查的方法，让被试者在不知不觉中自然地流露出自己的真实情绪。

第 5 章

市场细分的理论和方法

一、消费者的个性心理

个性心理特征是指个人带有倾向性的、本质的、比较稳定的心理特征的总和。它体现个体的独特风格、独特心理活动以及独特行为表现。消费者在购买活动中所表现出来的千差万别的行为，主要是由于消费者不同的个性心理特征所决定的。个性心理特征具有稳定性、整体性、独特性和倾向性等特点，包括消费者的气质、性格、能力等诸多方面。它是人们在一定的心理素质的基础上，在一定的社会历史条件下，通过社会实践活动形成和发展起来的。

1. 消费者的气质

气质是不以活动目的和内容为转移的、典型的、稳定的心理活动的动力特性。

这个定义包含以下一些内容：第一，气质是表现在心理活动的速度、强度、灵活性方面的动力特性。在日常生活中我们可以发现，在同一件事情上，不同的人有不同的心理表现。在速度上，有的人思维敏捷、动作伶俐、快人快语，而有的人则三思而行、动作缓慢、慢声细语；在强度上，有的人性情暴躁、"沾火就着"，而有的人则不温不火，甚至"扎一锥子不出血"；在灵活性上，有的人转变很快，而有的人则比较固执。这些心理活动的动力特性给每个人的心理表现都涂上了一层独特的色彩。第二，气质具有天赋性。这可以从婴儿身上体现出来。有的婴儿出生后就喜欢吵闹、好动，而有的则比较安静。第三，气质具有稳定性和可变性。因为气质的天赋性，所以气质具有不易改变的特点，但是它在生活和教育环境的影响下，在一定程度上也是可以改变的。

人们的气质虽千差万别，但事实和学者们的研究都表明，在人群中有几种典型的气质类型。关于气质类型的划分，古今中外流派很多，其中比较流行的是古希腊医生希波克拉底的"体液说"。希波克拉底根据每种体液在人体内占优势的情况，把人的气质分为四种不同的类型，即多血质、胆汁质、黏液质和抑郁质。

（1）多血质。

多血质的人的主要特征是反应迅速、有朝气、活泼好动、动作敏捷，情绪不稳定、粗枝大叶，喜欢与人交往，兴趣广泛但不持久，注意力易转移。

在购买活动中，多血质的消费者表现为善于交际，有较强的灵活性，能以较多的渠道获得商品的信息。这类消费者对购物环境有较强的适应能力，并且在购物时视野开阔，反应敏捷，易于与营业员进行沟通。但是，有时其兴趣与目标会因为可选择的商品过多而转移或一时不能取舍，因而购买行为中常常带有浓厚的感情色彩。

（2）胆汁质。

胆汁质的人的主要特征是易兴奋、直率、热情、精力旺盛，自我控制能力较差，容易冲动，心境变化剧烈，脾气暴躁。

胆汁质的消费者在购物时喜欢标新立异，追求新潮、具有刺激性的流行商品。他们一旦感到需要，就迅速产生购买动机并很快完成购买行为。

但是，购物环境不如意或受到营业员的怠慢，会激起他们烦躁的情绪和强烈的反感。他们有时会产生不理智的行为甚至会产生冲动购买。

（3）黏液质。

黏液质的人的主要特征是安静、稳重，动作迟缓，沉默寡言，善于克制忍耐，情绪不外露，做事慎重但不灵活，缺乏生气。

黏液质的消费者在购物时比较冷静、细致，不易受广告宣传或营业员劝说的干扰，喜欢通过自己的观察和比较来作出购买决策。他们对自己熟悉的商品会积极购买，并持续一段时间，而对新商品往往持审慎态度。

（4）抑郁质。

抑郁质的人的主要特征是敏感、多疑、孤僻，情感体验深刻但不外露，行动缓慢，外表温柔、怯懦。

抑郁质的消费者，在购物中往往考虑比较周到，对周围的事物很敏感，能够观察到别人不易察觉的细枝末节，其购物行为比较拘谨，优柔寡断。他们一方面表现出缺乏对商品应有的知识和对购物的主动性，另一方面又对别人的宣传或介绍不感兴趣或不信任。

以上是几种典型气质的消费者心理与行为。当然，在现实中，典型的气质类型者很少，多数人属于混合型。一般是以某种气质类型为主，同时兼有其他气质类型的特点。

2. 消费者的性格

性格是各种心理特征的核心，主要表现为人对客观现实的态度和相应的习惯了的行为方式。性格的形成与发展对消费者的购买行为有重要的影响。

按照消费者性格特征的不同组合，可以把消费者的性格分成若干类型。

（1）根据消费者的消费态度划分，可以分为节俭型、保守型、随意型及从众型。

①节俭型。

这类消费者的消费态度表现为节俭、实用。他们在选购商品时看重商品内在质量和实用性，受外界宣传影响较小，不太注重商品的名声，而较多地考虑其实际效用。

②保守型。

这类消费者在消费态度上比较严谨，习惯于传统的消费方式，对新产品、新观念接受比较慢，并常常抱有怀疑的态度，在选购商品时比较喜欢购买传统的或有过多次使用经验的商品。

③随意型。

这类消费者的消费态度比较随便，选购商品时随机性比较大，选购标准也呈多样性。他们从多种渠道获得商品信息，受外界环境的宣传影响较大。

④从众型。

这类消费者态度随和，生活方式大众化，购买行为受相关群体影响较大，与和自己相仿的消费者群体保持一致的消费模式和消费水平。

（2）根据消费者的购买方式划分，可以分为理智型、情绪型、习惯型和挑剔型。

①理智型。

理智型消费者主要受理智支配，会对各有关因素进行细致的分析和认真的比较。其购买行为冷静而慎重，受外界影响较小，不易冲动，善于控制自己的情绪，经过权衡利弊作出决定，以获得最好的消费效果。

②情绪型。

情绪型消费者往往受感情支配，在购物时有较强的情绪。他们在选购商品时的心态常常是"跟着感觉走"，只要是自己喜爱的商品，在购买力允许的条件下，就可能采取相应的行动，对其实际效果考虑得相对少些。与此同时，他们的购买目标也容易转移，商品的造型、名称、色彩及包装对他们也会产生较大的影响。

③习惯型。

这类消费者常常根据以往的购买经验、使用经验或已经形成的习惯采取购买行动。他们对某种品牌的商品熟悉并信任后，不必经过挑选和比较就会购买，而且容易重复购买并进而形成习惯性购买行为。

④挑剔型。

这类消费者有较丰富的商品知识和购买经验，因此在选购商品时，一般不受他人的影响，也不愿意与他人商量，但在选择商品时极为仔细，常常货比三家还要讨价还价，有时甚至到了苛刻的程度。

3. 消费者的能力

能力是一种为顺利地完成某种活动所具备的并影响活动效果的个性心理特征。能力总是和人的某种活动相联系，并表现在活动中，因此，能否顺利并出色地完成某种活动，是检验人们能力的重要标志之一。

（1）能力的组成。

一般认为，人的能力由认识能力、活动能力和特殊能力三部分组成。

认识能力是指人认识事物，运用知识解决实际问题的能力。它包括注意力、观察力、想象力、思维力和记忆力。这五种能力相互制约、相互影响。例如，一个人的注意力差，则其他几种能力都会受到影响，因而整个认识能力或智力水平也就较低；反之亦然。

活动能力是指人们完成某种活动的能力。它也是由一些基本能力构成的，如组织能力、计划能力以及实际操作能力等。

特殊能力是指人们从事某种专门活动时所需的本领，如音乐能力、绘画能力、鉴赏能力等。

（2）消费者能力差异的表现。

能力差异是普遍存在的，消费者在购买活动中所表现出来的能力有明显的差别，如有的人观察力强，有的人观察力弱；有的人记忆力好，有的人记忆力差。一般来说，消费者的能力差异主要表现在以下几个方面。

①对商品的感知辨别力的差异。

对商品的感知辨别力是指消费者识别、辨认商品的能力。消费者感知辨别力的高低既与购买或使用商品的经验有关，也与识别商品的方法有关。消费者对于经常购买或使用的某类商品，由于对其品质、性能等方面的要求比较熟悉，其识别能力就比较强。特别是对于购买特殊用途的商品，有一定专业技术知识的消费者同普通的消费者相比，其辨别力的差别就更大。另外，辨别方法的不同，也会造成消费者在感知辨别力方面的差别，尤其是对于最新问世的一些高科技产品，如果消费者没有相应的科学知识，就难辨其好坏。

②对商品的分析评价能力的差异。

这是指依据一定的标准分析判断商品价值大小的能力。消费者分析评价能力的高低直接影响其购买活动的效果和效率。因为分析评价能力较高的消费者能在购买商品时清楚地知晓商品的优缺点，或者说他知道商品的价格与商品的质量是否相符。因而，他一旦认可了某商品的性价比，往往就能作出正确的购买决定，提高购买活动的效果和效率。反之，对于分析评价能力较低的消费者，因为其心里没底，总怕上当受骗，所以在购买活动中就表现为优柔寡断，顾虑重重。对于这部分消费者，特别是在购买新产品的时候，最好是等大多数人都使用过了，再去购买，这样既节省了时间，又不会买错商品。

③对商品鉴赏能力的差异。

这主要是指消费者在艺术欣赏能力方面的差异。对于大多数商品来说，不仅具有一定的使用价值，同时也具有一定的欣赏价值。随着消费者生活水平的提高，人们对商品的审美要求也越来越高。例如，同是购买服装，鉴赏能力高的消费者，不仅要求服装的款式要新潮、质地要好、剪裁要合体，而且还要穿出个人独特的风格和气质来。而鉴赏能力较低的消费者，则倾向于购买一些大众化的商品，认为衣服只要合时、合身就行了。消费者对商品鉴赏能力的高低，与家庭环境的熏陶、所从事的工作以及受教育程度等密切相关。

④购买活动中决策能力的差异。

消费者在购买活动中决策能力的高低，对其能否实现购买行为有直接的影响。决策能力强的消费者在购买活动中挑选迅速，购买果断，一般不需要外界过多参与，而决策能力较差的消费者则往往犹豫不决，甚至对于已经中意的商品，是买还是不买、是现在买还是将来买，都很难拿定主意。这时，销售人员的适度参与，对促成购买行为是十分重要的。

消费者在购买活动中的能力差异除了以上几个方面以外，还表现在应变能力的差异、与营销人员的交往能力的差异等。对于营销人员来说，了解消费者在购买活动中的能力表现和消费者之间的能力差异是十分重要的。同时，营销人员也要认识到培养和提高消费者的购买能力对提高企业经营服务水平、增强竞争能力的重要性。对于消费者来说，了解自己的购买能力的不足，可以有意识、有目的地加以培养和锻炼，同时要注意各种能力的平衡发展，从而提高购买行为的效果和效率。

二、不同消费者需求不一样

1. 市场细分的层次

市场细分是提高企业市场营销运作效率的基础。每个消费者或客户都有自己独特的需求和欲望，因此每个客户都可能成为一个潜在的细分市场。根据对市场细分的程度，可分为四个层次：细分营销、补缺营销、本地化营销和个性化营销。

（1）细分营销。

企业根据不同的产品需求和营销反应来划分主要的细分市场。在企业的消费者众多的情况下，企业不可能为每个特定的消费者提供定制的产品，让他们都感到满意。因此，企业就必须把构成整个市场的各细分市场独立出来。

例如，汽车公司将整个汽车消费市场划分成四个大的细分市场：寻求基本代步和运输需要的汽车购买者，寻求高性能汽车的购买者，寻求豪华汽车的购买者和寻求安全驾驶的汽车购买者。

（2）补缺营销。

企业在市场营销的过程中一般能辨认出较大的细分市场，补缺是更具体的确定某些消费群体，这些消费群体往往属于某一个大的细分市场，但他们的需要并没有被充分地满足。通常企业采取补缺市场的方法是把细分市场再细分，或确定一组有特别利益要求的消费者组成的群体。大的细分市场可以容纳多个竞争者，而补缺市场容量相当较小，只能容纳一个或少数竞争者。补缺市场一般只有小竞争者才感兴趣，例如一些小型国际物流代理企业为一些大的生产型企业提供国际物流服务，弥补了大型国际物流企业不能为货主提供个性化服务的市场空缺。

（3）本地化营销。

由于不同地区居民的生活方式各不相同，而处于同一地区的消费者通常会具有相似的消费需求。因此，企业必须注意市场在地理因素上的细分，按照区域对市场进行细分，根据当地消费者的需要和欲望设计营销方案。

武汉中百集团为扩大旗下连锁超市的范围，在城乡结合部设立超市，考虑到当地农民的需求，对超市传统的商品结构进行调整，超市里除了有日用百货外，还有各种农用器具和农用物资，同时采用农民愿意接受的方式开展促销活动，受到当地农民的欢迎，超市营业额迅速上升。而国外超市业巨头在中国曾遭遇挫折（如"家乐福"兵败香港），就是因为他们对因地域差异而带来的文化错位没有进行认真深入的了解和分析。

（4）个性化营销。

市场细分的最后一个层次是细分到个人，然后采取定制营销和一对一营销。柔性制造、数据库、电子邮件的广泛应用，使企业进行个性化定制成为可能，这种营销方式被称为"大众化定制"。大众化定制是一种在大量基础准备上的为个人设计和传播的以满足每个顾客要求的能力。例如，商务礼品公司能够为大客户提供定制化的礼品；波音公司根据航空公司的需求定制相应的飞机。

2. 市场细分的方法

虽然产品在设计研发的时候就进行了市场的细分，然而这种细分是粗线条的，所以在具体实施销售的时候有必要进行更为明确的目标市场细分。由于产品推广有很多阶段，客户也有很大不同，所以企业在对产品进行推广的时候一定要采用合适的营销策略和方式。

市场细分是企业寻找目标客户群最常用的工具。企业可以按照不同的特征来进行市场的细分工作，如追求相似利益的人群、具有相同爱好的人群、相同年龄层次的人群、相同收入水平的人群、相同职业特征的人群等。

（1）相似利益细分。

所谓相似利益细分是指对追求相似利益人群的细分。一般来说，那些低收入者或者是中年家庭妇女都喜欢购买便宜的商品；而那些高收入者或者是追求时尚的年轻人往往购买高价位、高品质的商品，他们更钟情的是个性化的产品和服务。又如，有些人群则注重货币的时间价值，在选择金融产品上喜欢高收益的投资种类，热衷于炒股票和期货；而有些人群对投资风险非常敏感，所以在理财的时候特别小心翼翼。

正因为这些人有相似的利益追求，所以针对这种情况，企业可以集中资源来研究和生产具有显著特征的产品，从某个方面来展现产品的优势。例如，针对广大中低收入家庭的中年妇女，可以提供价廉物美的日用产品，这可以通过批量生产或者是批量销售来实现；针对偏爱个性化和高品位的高收入人群，企业可以研究和生产高价格、高品质产品，在体现个性的同时还要对商品进行限量，这更能体现商品的独特。

（2）人口统计细分。

所谓人口统计细分是指按照不同的人口统计特征区分人群。根据不同的标准，人口会有不同的分类，如按性别特征可区分为男性人群市场和女性人群市场；按年龄可区分为婴幼儿、青少年和中老年人市场。当然，对不同年龄段的人群还可以根据其他特征进行划分，如老年人可分为富裕老人、经济状况一般的老人以及贫困老人。

上海一家人寿保险公司经过研究发现，上海女性在家庭中的地位很高，具体家庭的开支是由女性决定的，尤其是上海女性中的白领职业女性对维护自身权益是非常注意的。所以这家保险公司开发了一系列女性保险产品，主要针对收入较高的女性白领市场，结果保险销售业绩非常好。

其实，很多商品都是有人口统计特征的。如剃须刀主要针对的是成年男性人群；奶粉主要针对的是哺乳期的婴幼儿。另外，具体到服装来说，它也有明显的年龄特征，不同年龄的人们对服装各方面的要求也是不同的。

（3）职业特征细分。

相同职业特征的人群是职业特征细分关注的具体对象，如蓝领和白领。一般来说，蓝领职员多从事制造业工作，他们在购买产品的时候对产品要求的就是持久耐用；而白领职员对于所需产品往往是表面上的要求。企业也可以根据这种情况来制订自己的销售方式。例如，一位成功投资人发现在一些高档的办公区上班的人群的穿着，从以往西装革履或职业套装正在逐步变成休闲装，所以他就把资金投向休闲服装企业，其效益非常可观。

图书市场具有非常明显的职业特征。例如，那些从事涉外工作的人们，他们经常去的是外语工具书、各类商贸外语的专柜；而对于大、中、小学生来说，他们到图书馆中主要关注的书籍是各类教科书、参考书、试题集；从事电脑和网络工作的人们感兴趣的是计算机技术、软件编程、网页设计；而对于家庭主妇们来说，他们更愿意购买的是烹调、育儿、时尚服饰、家庭装饰等方面的书籍。

（4）收入层次细分。

收入层次细分侧重具有相近收入的人群。一般来说，收入相近的人群具有相近的支付能力，企业可以根据个人或家庭的年收入来细分客户群。例如，年收入在5万元以下的家庭，对消费品的价格特别关注；年收入超过10万元的家庭，可能会产生购买家用汽车的需求；而年收入超过30万元的家庭，所需要的商品都是比较高档的。

这几年来，家用汽车市场已经成为中国家庭的消费热点。为了满足客户的需求，不同汽车生产厂商和不同品牌的汽车也根据客户的收入层次来划分客户。他们都生产了分别适合不同消费人群的品牌，如针对中低收入者的有吉利、夏利、羚羊、佳宝、哈飞等自主品牌，其定价一般在10万元以下；而针对中等收入人群的有赛欧、宝来、爱丽舍、POLO等品牌，其定价一般在10万~20万元；针对高收入人群的有别克、帕萨特、奥迪以及一些进口汽车，定价一般在30万元左右或以上。另外，除了根据收入层次细分市场以外，汽车厂商还会根据消费者的偏好生产不同类型的汽车，如吉普越野车是针对那些喜欢运动、冒险刺激的人群，而外形精巧美观、色彩鲜艳的小型轿车主要是为白领女性提供的。

（5）地理区域细分。

相同地区具有相同特征的人群是地理区域细分关注的对象。例如，居住在中国海南岛的居民购买双制空调的可能性为零，因为海南岛全年气温都比较高，所以购买单制冷空调是必然的。

同时，企业要考虑城市和农村的贫富差距。随着中国城市化进程的加快，很多家庭的生活模式和收入也发生了改变，但是这个改变过程并不是一蹴而就的，它需要一个过程。企业在进行市场定位的时候，也需要看到这方面的不平衡性。因此，在城市和农村中定位的产品是不同的。如果企业在营销过程中把在城市中定位产品的方法用来定位农村产品，必然会有很多问题出现。

（6）生活方式细分。

人的生活方式包含着很多方面，如人们如何生活、如何花费以及如何消磨时间等。其实，这种生活方式与人的外部行为有着密切关系，它可以作为判断消费者购买行为的直接依据。如今，对消费者生活方式进行测量和分类一般采用的是 VALS 法。所谓 VALS 法，就是价值观念和生活方式结构法，它是由美国斯坦福国际研究所最先提出的，并在美国被广泛应用于市场细分和新产品战略制订上。美国斯坦福国际研究把美国成年人口分成了四大类：需求驱动型、外部引导型、内部引导型、综合型。在此基础上，中国学者吴垠对中国消费者进行了研究，提出了 China－Vals 法，他将中国消费者划分为 14 个大族群，包括经济头脑族、求实稳健族、传统生活族、个性表现族、平衡小康族、工作成就族、理智事业族、社会随流族、消费节省族、工作坚实族、平稳求进族、经济时尚族、现实生活族、勤俭生活族。

如果企业对消费者生活方式进行分析，就能够剖析出不同消费者群体内心需求的真实状态，同时还能在较深层次上开展市场定位研究工作。如豪华 SUV 车用户群体位于社会生活的较高层次，这种豪华车辆就代表了人的身份地位。另外，汽车企业在拓展市场的时候不仅要考虑产品的性能，还要注重车辆的外观，只有这样，才能吸引更多的消费者。

三、温德尔·史密斯提出"市场细分"

1. 市场细分的概念

市场细分是 1956 年由美国市场营销学家温德尔·史密斯（Wendell R. Smith）首先提出来的一个新概念。它顺应了第二次世界大战后美国众多产品的市场转化为买方市场这一新的市场形式，是现代企业营销观念的一大进步，是旧的营销观念向现代营销观念转变的产物。

所谓市场细分，就是企业通过市场调研，依据消费者的需求和欲望、购买行为和购买习惯等方面的明显差异性，把某一产品的市场整体划分为若干消费者群的市场分类过程。每个消费者群可以说是一个细分市场，亦称"子市场"、"分市场"或"亚市场"。每一个细分市场都是由具有类似需求倾向的消费者构成的群体。因此，分属不同细分市场的消费者对同一产品的需求欲望存在着明显差别，而属同一细分市场的消费者，它们的需求和欲望则极为相似。企业营销者进行市场细分以后，就可以选择其中任何一个市场部分或子市场作为市场的目标市场。由此可见，市场细分的过程，也是将市场按一定标准去分割而又集合化的过程。例如，我们可以把鞋市场按照"性别"这个因素划分为两个市场：男鞋市场和女鞋市场。如果再按照"年龄"这个因素又可划分出八个细分市场：幼儿男、女鞋市场，青年男、女鞋市场，中年男、女鞋市场，老年男、女鞋市场。显然，八个细分市场各自对鞋的款式、型号、颜色及价格有不同的要求，而每一个细分市场内的需求和偏好却是大体相似的，这就是市场细分。

在理解市场细分的概念时，应注意以下几个方面。

（1）市场细分的理论基础是"多元异质性"理论。

这一理论认为，消费者对大多数产品的需求是多元化的，具有不同的质的要求。需求本身的"异质性"是市场可能细分的客观基础。从需求角度看，各种社会产品的市场可以分为两类：一类产品的市场叫做同质市场，另一类产品的市场叫做异质市场。凡消费者对某种产品的需求、欲望、购买行为以及对企业营销策略的反应等方面具有基本相同或极为相似的一致性，这种产品的市场就是同质市场。如消费者对食盐、火柴、大米等的需求差异性极小，这种市场称为同质市场。只有极少数产品的市场属于同质市场。在同质市场上，企业的营销策略比较相似。但是，绝大多数产品的市场属于异质市场，即消费者对某种产品的特性、规格、档次、花色等方面的需求不同，或在购买行为、购买习惯等方面存在差异，正是这些差异使市场细分成为可能。

（2）进行市场细分，是由商品经济内在发展引起的。

商品是用来交换的劳动产品，而产品只有其具体的使用价值能满足人们的一定需要，在交换中才会被人们接受。在市场上，人们的需求千差万别，很难找到一个典型的顾客的需求能够反映整个市场。因此，现代市场营销者不能无区别地对待所有消费者，而必须根据顾客的需求、购买行为与购买习惯的差异性，将整个市场划分为若干个子市场，采取不同的营销策略，以满足不同消费者的要求，从而运用最低的营销成本，达到最大的营销成果。

（3）市场细分并不总是意味着把一个整体市场加以分割。

实际上，市场细分化常是一个聚集而不是分解的过程。所谓聚集的过程，就是把对某种产品特点最易作出反应的人们或用户集合成群。聚集的过程可以根据多种变量连续进行，直到鉴别出其规模足以实现企业利润目标的某一顾客群。

2. 市场细分的作用

市场细分是制订市场营销策略的关键环节。市场营销策略包括两个基本概念：选择目标市场和决定适当的营销组合。在实际应用中，首先需要解决的问题是如何将一个同质的市场细分为适当的子市场，然后才从若干子市场中选定目标市场，并采用与企业内部条件和外部环境相适应的目标市场策略，设计有效的市场营销组合。

例如，某国内知名化妆品公司，为了进一步扩大销路，提高市场占有率，专门对中国妇女化妆品市场作了调查研究。公司根据研究发现：化妆品的消费与妇女的年龄有密切的关系，不仅消费量，而且消费品种、消费目的、消费习惯皆有不同。根据这一研究，公司将妇女消费者分为四类。

第一类：15~17 岁的少女消费者。她们正值妙龄，注重展示自己，讲究打扮，爱好时髦，对化妆品需求意识强烈，但是她们购买的往往是单一的化妆品。

第二类：18~24 岁的女青年消费者。她们是真正踏入成熟的一族，或是出于礼貌需要、工作需要或是感情需要、爱美的需要，她们对化妆品更关心，而且采取积极的消费行动，只要是中意的化妆品，价格再高也在所不惜。而且，她们往往购买整套化妆品，需求量大，需求频繁。

第三类：25~34 岁的妇女消费者。她们大多数人已经结婚，对化妆品的需求心理和购买行为也有所变化，她们虽不如第二类妇女那样主动，但化妆也是她们的日常生活习惯。

第四类：35 岁以上的妇女消费者。她们可分为积极派（仍力图保持形象的年轻，竭力化妆）和消极派（感觉即将步入晚年，化妆只是应付一下），但她们都显示了对单一化妆品的需要。

实践证明，科学合理地细分市场，对于企业通向经营成功之路具有重要作用。

（1）市场细分有利于企业进行市场机会分析，发现新的市场机会，开拓和占领新市场。通过市场细分，企业可以有效地分析和了解各个消费群的需求满足程度和市场上的竞争状况。根据对每个分市场的分析，发现哪类消费需求已经满足、哪类满足不够、哪类尚未满足。通常，满足水平低的市场存在着很好的市场机会。抓住这样的市场机会，结合企业的资源状况，从中挑选适合自己的目标市场，并以此设计出相宜的营销战略，迅速占领新市场。

（2）市场细分有利于企业用较少的营销费用，取得较大的经济效益。这是因为企业通过市场细分，选定目标市场，就可以制订最佳营销战略，提高竞争力。具体表现在：①进行市场细分，易于分析每个细分市场上各个竞争者的优势和弱点，企业就可以有针对性地建立自己的目标市场，这有利于增强竞争能力，提高经济效益；②建立以市场细分为基础的营销战略，可将企业有限的人力、财力、物力资源集中使用于一个或几个细分市场，有的放矢地进行营销，这样企业不仅可以降低费用，还可提高自己的竞争能力；③市场细分能够增强企业的适应能力和应变能力，利于市场上开展营销活动，易于企业掌握消费需求的特点及其变化，便于企业及时、正确地规划和调整产品价格、产品结构、销售渠道和促销活动，保持产品适销对路。

第6章

市场营销观念与企业活动新思维

一、营销中最难的莫过于观念的转变和创新

现代市场营销观念的产生与发展是市场营销观念的一种质的飞跃或革命，它改变了传统观念的思维方式，也改变了传统观念指导下的企业的经营策略和经营手段。与传统观念相比，现代市场营销观念具有以下几方面的不同。

1. 企业经营的出发点不同

传统观念的出发点是企业自身利益，而不考虑或忽视顾客的需求，企业只决定生产什么、生产多少及产品价格的高低；现代市场营销观的出发点是市场，企业通过研究、了解顾客的需求、需求程度、需求偏好等，然后决定生产什么、生产多少和产品价格的高低。

2. 企业经营的重点不同

传统市场营销观念指导下，企业的经营重点在企业内部，中心是产

品；现代市场营销观念的指导下，企业的经营重点在企业外部，中心是顾客需求。

3. 企业经营的方法不同

传统市场营销观念指导下的企业采用的是单一的经营方法，如生产观念指导下企业注重的是生产，产品观念指导下的企业注重的是产品，推销观念指导下的企业注重的是推销或促销；现代市场营销观念采用的是整体营销方法，即综合运用产品、价格、分销、渠道等方法。

4. 企业经营的目的不同

传统的市场营销观念指导下的企业通过增加生产或扩大销售获取利润；现代营销观念指导下的企业则通过满足顾客需求来获取利润，企业与顾客是"双赢"关系。

5. 企业的经营导向不同

传统营销观念指导下的企业以产品为上帝，以生产为导向；现代市场营销观念指导下的企业视顾客为上帝，重视顾客满意度，以市场为导向。

根据对西方企业营销观念演变的五种营销观念的分析，我们可以把生产观念、产品观念和推销观念称为传统市场营销观念；把市场营销观念和社会市场营销观念称为现代市场营销观念，这是两类完全不同的经营思想体系。现代市场营销观念与传统市场营销观念的根本区别如下。

1. 营销导向不同

在传统营销观念支配下，企业营销导向是产品，企业生产什么，就推销什么，不考虑消费者的需求和欲望，目的是把已生产出来的产品卖出去，甚至强买强卖，危害顾客的利益。

在现代市场营销观念支配下，企业营销导向是市场需求。企业营销活动的出发点和归宿点都是消费者需要。为此，企业坚持在产品或项目开发之前就要进行营销调研、需求评价、可行性分析，然后再决定产品开发与否。企业不仅要研究顾客的现实需求，而且要研究他们的潜在需求，以便引导和开发市场；企业不是简单地把产品销售给顾客，而且要让顾客满意。

2. 营销重点不同

在传统营销观念支配下，企业以自我为重点，一切活动都围绕着企业自身利益开展。企业的营销战略和策略的制订，不善于对消费者需求变化及竞争态势及时作出反应，当企业与社会、消费者利益发生冲突时，往往采取单方面维护企业利益的措施。

在现代营销观念支配下，企业以消费者利益为重点，真正实行"顾客第一""用户至上"，一切营销活动都必须为消费者带来利益，全心全意为顾客服务。企业注重对消费者需求的研究，能够对市场的变化作出及时的反应，当企业与社会、消费者利益发生利益冲突时，能妥善处理三者关系，自觉维护社会和消费者的利益，保持企业良好形象。

3. 营销手段不同

传统营销观念指导下的企业营销手段主要靠推销和促销，企业认为只要向消费者说好话，就会产生购买行为；只要进行狂轰滥炸式广告宣传，顾客就会产生信任感。为此，企业不惜投入重金进行广告宣传、公关活动和推销活动。

现代营销观念指导下的企业营销手段是整体营销。所谓整体营销，是指营销不仅仅是营销部门的事，而是企业内部所有部门的事，企业内部的产品开发、生产制造、技术研究、质量管理、营销服务等都以市场为向导。现代市场营销观念已扎根于企业的各个部门，整个企业对市场需求的任何变化都能及时有效地作出反应。

4. 获利方法不同

在传统市场营销观念指导下，企业的获利方法是追求最大的销售额以获取最大利润。企业往往注重一次性交易的成功，热衷于一锤子买卖，急功近利，利大大干、利小小干、无利不干，甚至于强行推销，损害消费者利益。

在现代市场营销观念的指导下，企业着眼于开拓市场、占领市场、提高市场占有率而获取长期利润。企业应注重于赢得消费者信任，只要有利于开拓市场，不计较一时一地的得失。持此观念的企业致力于取信于消费者的工作，注重产品质量和服务质量，在顾客中树立起产品信誉和企业良好形象，赢得大批忠于企业的消费者。

二、市场营销重点从"以产定销"转向 "以销定产"——新型市场营销手段

历经百年的营销理论和实践探索，涌现出众多行之有效的新营销观念和模式，包括关系营销、服务营销、合作营销、网络营销、战略营销、绿色营销、整合营销、权力营销、信息营销、形象营销等多种，这里对几种作下简介。

（1）战略营销。是指以营销战略为主线和核心的营销活动。从观念角度来讲，营销必须提升到战略高度来认识，需要以全局的、长远的观念来策划企业的营销活动，因此关系着企业的存亡。

（2）绿色营销。是指企业在营销活动中，既要满足消费者需求，实现利润目标，又要充分注意自然生态平衡。

（3）整合营销。是指企业不同的营销功能必须共同工作，企业其他部门必须与营销部门协调一致，企业整体形成营销合力。

（4）权力营销。是指依托权力来开展的营销活动。

（5）信息营销。是指企业应用信息与信息技术来开展的营销活动。

（6）形象营销。是指通过塑造企业良好形象，凭借企业形象力来开展的营销活动。

（7）政府营销。是指政府应用现代营销原理与方法来达到政府工作目标的营销活动。

（8）伦理营销。是指遵守营销道德标准、承担社会责任的保护壁垒，在这种封闭型和保护性的市场上，已经存在的参与者和批准者往往会设置种种障碍，使得那些能够提供类似产品甚至能够提供更好的产品和服务的企业难以进入市场，无法开展经营业务。在这种背景下，菲利普·科特勒于20世纪80年代中期提出了大市场营销观念。

（9）全球营销。是指企业将全球当做整体市场，从全世界范围来统一布局和协调经营，从而获取全球竞争优势的营销活动。

（10）辩证营销。是指企业在制订营销战略和策略的过程中，始终以辩证的思想作指导，来推动营销事业发展的一种经营观念。

（11）公益营销。是指企业借助公益活动与消费者沟通，以确立良好的企业形象，以此影响消费者，使其对企业产生偏爱，优先选择企业产品的营销行为。

（12）概念营销。是指营销活动的可操作性首先在理论上是可行的，甚至是优越的、先进的；其次，它是一种"新概念"，是对常规的突破，具有可尝试性；最后，它是一种风险性的企业经营术。

（13）基准营销。是指将本企业经营状况与竞争对手或行业内外一流的领先者进行分析研究，将竞争者或领先者的成就作为本企业的反击目标或基准，并将其经验移植到本企业的经营管理中，使企业保持强大的竞争力和不断进步的前沿战略。

（14）情感营销。是指消费者日益看重消费中的情感体验和认同，消费需求走向情绪化、个性化和多样化，一个"情感消费"的时代已经到来，企业必须根据这种新的消费趋势，对自己的营销活动做出调整。

（15）文化营销。是指企业成员共同默认并在行动上付诸实施，从而使企业营销活动形成文化氛围，并以此满足消费者的心理体验、价值认同、社会识别等人文需要的一种营销观念。

（16）承诺营销。是指在充分了解消费者需求特点，分析与比较其他企业竞争能力的基础上，结合自身实际，向消费者做出其他企业不愿意做或做不了的服务保证，给予消费者超值利益或可以减少消费者购买风险的营销观念。

（17）感性营销。是指企业把消费者个人感性消费差异作为营销战略核心的营销观念。感性消费趋向包括情感寄托、回归自然、展示个性、交流沟通等。

三、当前形势下市场营销发展的新趋势

随着世界经济全球化和新经济的兴起，我们的营销环境也发生了很大的变化，这不仅表现在市场营销的很多方面，而且还引发了一场以营销创新为主题的新营销革命。作为营销学之父，菲利普·科特勒迅速捕捉到了营销发展的新趋势，写出了《市场营销的发展趋势》一书，在这本书中，菲利普·科特勒着重论述了以互联网为主要特征的新经济对市场营销冲击，并提出了新经济发展带来新的营销法则，如客户关系管理和开展电子商务等，这里我们主要是从营销观念、策略、组织、管理等方面来阐述营销的发展趋势。

1. 营销观念的发展趋势

随着市场环境的不断变化，市场营销观念逐渐从产品观念、生产观念、推销观念等过渡到社会市场营销观念。现在，不断发展的新经济为营销提供了一个良好的发展环境。关于当前的市场，美国营销大师唐·舒尔茨将其称为"21世纪市场"，他说："21世纪的市场是消费者统治的市场，是互动及不断发展的。它是互联网和万维网时代，也是电子商务的时代——便捷、快速、消费者居于统治地位。不幸的是，我们现在的营销和营销传播思想与方法都是按历史市场来设计的。"虽然在很多方面，我们的营销观念并不适应新经济，但是我们应该对未来充满信心，将营销观念定位在"四个更加重视"上。

（1）更加重视战略。

在计划经济体制下，不仅是国有企业，就连那些比较知名的民营企业，都没有明确的经营目标和长期的战略规划，他们的营销模式就是追求眼前的利润，只重视商品一时的畅销，对于产品的维护和企业的经营特色不加重视，不愿意把钱投资在生产经营设施和技术开发上，展现在外人面前的是浮躁和急功近利。在现有的市场经济体制下，可持续发展是每个企业所重视的战略，在制订相应的战略战术的同时，还要保证市场营销作用得到最大限度的发挥。

（2）更加重视合作。

俗话说"商场如战场"。的确，一个企业能否在激烈的市场竞争中占有一席之地与能否打败对手有着非常密切的关系。当然，这是最为传统的观念，在我国企业的市场营销上表现得特别突出。在我国企业竞争方面，企业所进行的往往是低水平的价格战和广告战，两败俱伤是这种竞争的结果。因此，必须改变这种营销竞争观念，只有实行资源共享、优势互补的双赢战略联盟，才能更有利于企业的发展。

（3）更加重视"知本"。

在之前企业营销中，有形的资本往往是企业的依靠，如果资本缺失，营销活动就难以开展。如今，企业发展已经是处于知识经济时代，所以企业不仅要重视资本，而且还要重视"知本"。所谓"知本"就是强调营销人才的作用，如果一个企业没有资本但是有"知本"，企业营销照样可以正常开展。美国通用公司总裁曾经说过："如果我一夜之间失去了所有的财产，而只要我们的员工还在，我同样可以重新开始。"这一句话足以说明了"知本"的重要性。所以，企业要想在未来市场中取得胜利，一定要重视"知本"。

（4）更加重视顾客。

根据营销观念的发展进程，我们就可以明白：每一次营销观念的重大变革，都是向重视顾客方向发展的结果。未来营销观念的演进也是如此。然而，这种演进的重点是更加重视顾客的个性化需求、差别化需求抑或更加细化、深化的需求。

2. 营销策略的发展趋势

首先看一下 4P 理论的发展趋势。

（1）在产品方面。

随着市场由以"产品技术为中心"向以"客户为中心"的转变，企业竞争的焦点已经转变为服务。据有关调查显示，服务正在成为 IBM 最大的一张王牌。良好的服务可以增加产品的附加值，更加吸引顾客。

（2）在价格方面。

影响价格的因素有很多，如知识因素、创新成本等，价格导向发生转变，也就是从传统的以生产成本为导向的定价策略转变为真正以需求为导向的产品定价策略。同时，定价方式也有了很大的变化，如今往往采取通过网络技术运用价格策略的方式。

（3）在渠道方面。

渠道结构由金字塔式向扁平化转变。例如，一些企业由多层次批发环节变为一层批发；还有一些企业在大城市设立配送中心，直接面向经销商、零售商提供服务。这种扁平化结构的销售渠道不仅提高了企业和消费者的利益，而且还有了品质保证。另外，方便企业把握消费者需求也是这种销售渠道的优点。随着互联网技术和电子商务的迅速发展，企业的销售渠道也呈现多样化，不仅适应了新经济时代消费者快速、便捷并富有个性的需求，而且还能与国际化接轨。

（4）在促销方面。

随着网络广告、网络公共关系的兴起，厂家商品的促销手段也呈现多样化。网络使得企业与企业、企业与公众之间可以通过网络进行双向交互式沟通，如站点宣传、网上新闻发布、栏目赞助、参与或主持网上会议、发送电子推销信、在网络论坛和新闻组发送信息传单等。同时，网络广告还包括其他一些形式，如电子邮件广告（E－mail）、电子公告牌（BBS）广告、Usenet 广告和 Web 广告，它们都会成为未来广告的重要形式。

从营销策略的发展趋势来看，营销策略并不一定就是 4P，营销组合发生了明显变化。所谓"4P"就是以产品（Production）、价格（Price）、地点（Place）、促销手段（Promotion）为代表的以生产为中心的营销四要素组合的总称。

近年来，营销学者从顾客的角度又提出了新的营销观念与理论，即"4C"组合理论，包括 Customer（顾客的需求和期望）、Cost（顾客的费用）、Convenience（顾客购买的方便性）及 Communication（顾客与企业的沟通）。另外，随着高科技产业的迅速崛起，出现了非常多的高科技企业、高技术产品与服务，营销新组合"4V"出现。所谓"4V"是指差异化

（Variation）、功能化（Versatility）、附加价值（Value）、共鸣（Vibration）的营销组合理论。"4V"强调顾客需求的差异化和企业提供商品功能的多样化，这样可以使消费者与企业同步前进。如今，美国营销学教授舒尔茨提出了"4R"营销组合，所谓"4R"就是与顾客建立关联（Relation）、提高市场反应速度（Response）、运用关系营销（Relationship）、回报是营销的源泉（Reward）。这种营销组合的重点是以竞争为导向，在新的层次上概括了营销的新框架。通过分析日益激烈的竞争和不断成熟的市场，力求实现消费者和企业的双赢。

第 7 章

生活形态——破译消费者的工具

一、了解消费者是营销中最大的难题

1. 消费需要

（1）消费需要的概念。

消费需要，是指消费者对以商品和劳务形式存在的消费品的要求和欲望。消费者需要是包含在人类一般需要之中的。在市场营销活动中，消费者的需要不应是一个笼统的概念，而是由各种相关因素构成的组合体，具体包括：

①产生需要的消费者的总体数量及性别、年龄、职业、消费习惯、收入水平等基本特征。

②消费者实际需要何种商品，商品的性能、质量、价格、款式如何及所需消费品的总量大小。

③需要的市场区域，即整体市场或细分市场的需要，以及市场的空间

分布如何。

④需要的时机与时限，即需要发生的时间、场合，是突发的、短暂的需要，还是常规的、长年性或季节性需要。

⑤需要的实现方式，即消费者通过何种方式满足需要，如选购、定购或租用，分期付款、网上支付、现款交易或赊购等。

⑥需要的市场环境，包括自然、经济、法律、社会文化等宏观环境对消费者需要的影响，企业的营销策略、营销组合运用等对消费者需要的诱导、激发与制约。

对上述构成要素加以分析和确认，消费者的需要就成为现实的、具体的和可以测量的。这样，有关消费者需要的研究对企业营销才具有实际指导作用。

（2）消费需要的产生。

人的需要是客观存在的。就消费者而言，需要表现为消费者对获取各种物质或精神生活消费品的要求和欲望。它通常产生于消费者的某种生理或心理体验的缺乏状态，例如，人们感到饥饿、寒冷、寂寞时，就会产生对食品、服装、交友的需要。许多情况下，消费需要也可由外部刺激引发，例如广告宣传、销售奖励、现场示范等，这些外部刺激都可能诱发消费者产生对某种消费品的需要。

（3）消费需要的特征。

①多样性。

这是消费者需要的最基本特征。它首先表现为不同消费者的需要各不相同，千差万别。由于消费者的收入水平、文化程度、职业、性格、年龄、民族和生活习惯不同，自然会有多种多样的爱好和兴趣，对于商品和服务的需求也是各种各样的。不仅如此，就同一消费者而言，需要也是多方面的。消费者不仅需要吃、穿、用、住，还需要娱乐消遣，如欣赏音乐、美术、体育比赛等，这些都体现了消费需要的多样性。此外，消费需要的多样性还表现在，同一消费者对某一特定消费对象常常同时兼有多方面的要求。消费者需要的多样性决定了市场的差异性，这是企业进行市场细分和选择目标市场的基础。

②发展性。

消费者需要不是一成不变的，随着社会经济发展和人们生活水平的不断提高，人们对商品和服务的需要不论是从数量上还是从质量上或品种方面都在不断地发展。一种需要被满足了，又会产生新的需要。其总的趋势是由低级向高级发展、由简单向复杂发展、由追求数量上的满足向追求质量上的充实发展。

③层次性。

人们的消费需要是有层次的。一般来说，总是由低层次向高层次逐渐延伸和发展的。当低层次的、最基本的生活需要，即生存需要被满足以后，就会产生高层次的社会需要和精神需要，这就是消费需要的层次性。

④伸缩性。

消费需要受外因和内因的影响，具有一定的伸缩性。内因主要包括消费者本身需要欲望的特征、程度和货币支付能力等；外因主要是商品的供应、价格、广告宣传、销售服务和他人的实践经验等。两个方面因素都可能对消费需要产生促进或抑制作用。例如，从货币支付能力的角度看，现实生活中，每个消费者都几乎同时具有多种消费需要。但是在一定时期内，多数消费者的支付能力是有限的，这就使消费者的需要只能有限地得到满足，并表现出一定的伸缩性，即消费需要并非只能增加不能减少，或者只有当低层次的消费需要百分之百地获得满足后，才能进入高一级层次的需要。

⑤周期性。

人的消费是一个无止境的活动过程，人的一生是一个不间断的消费过程。一些消费需要在获得满足后，于一定时间内不再产生，但随着时间的推移还会重新出现，并具有周期性。消费需要的周期性主要是由人的生理机制运行引起，并受到自然环境变化周期、商品生命周期和社会时代变化周期的影响。

⑥互补性和互替性。

某些商品的需求具有互补性的特点。例如，购买钢笔时可能会附带购买墨水，购买汽车时可能会附带购买修理工具、防盗器、坐垫套及上光蜡等。因此，经营互有联系或互补的商品，不仅给消费者带来方便，还能扩大商品销售。此外，许多商品具有可以互相替代的特点。在市场上，经营者常遇到这种情况，某种商品的销售量减少而另一种在消费上可以替代的商品的销售量增加。例如，夏季冷饮销售量增长，水果的销售量可能相对减少。这就要求企业及时地把握消费需要变化趋势，有目的、有计划地根据消费需求变化规律供应商品，更好地满足消费者的需要。

⑦可诱导性。

消费者的需要是可以加以诱导、引导和调节的，即可以通过环境的改变或外部诱因的刺激、引导，诱发消费者需要发生变化和转移。消费者需要的可诱导性，为企业提供了巨大的市场机会。企业可以通过卓有成效的市场营销活动，使无需要转变为有需要，潜在需要转变为现实需要，未来需要转变为近期的购买行动，从而使企业由被动地适应、迎合消费者的需要，转化为积极地引导、激发和创造需要。

2. 购买动机

（1）消费动机的特征。

①消费动机的原发性。

个体缺乏某种东西而产生对某种东西的需求，这种需求推动个体去寻找满足需求的对象，动机就是在这种情况下产生的。就是说，需求使个体产生动机，动机推动个体采取行动。从个体动机产生上看，动机具有原发性特征。对于消费者而言，其内在的需要促使其产生各种消费动机。

②消费动机的内隐性。

个体的行为是外显的，但支配其行为的动机却是无法直接观察得到的。消费者的消费动机是通过其消费行为推断出来的。例如，消费者入住了高档饭店，我们可以推断如下：首先，他有休息的生理性动机；其次，他可能有追求社会身份、地位，希望得到他人尊重的动机。消费者的动机不是我们观察到的，而是我们根据他的行为和所掌握的知识经验推断出来的。所以说，动机具有内隐性。

③消费动机的实践性。

动机是行为的内在原因，动机是为行为而存在的。从动机与行为的这种关系上表现出动机的实际特征。动机的这种特征是我们研究它的一个重要原因：了解消费者的消费动机，从而为预测和引导消费者的消费行为提供依据。

④消费动机的动态性。

动机是与生活经验相互作用而不断变化的高度动态的结构。动机的形成决定于内在的需要和外部环境两大方面因素，当这两种因素发生变化时，个体的动机自然会相应地发生变化。外部环境是不可控的，而且人的需要也是经常变化的。这是因为：第一，需要是不可能得到彻底满足的。例如，在固定的时间间隔内，人们就会体验到饥饿需要，这种需要必须得到满足。第二，当过去的需要得到满足时会产生新的需要。由于动机的这种特点，我们就可以通过一些营销手段来影响消费者的消费动机，并继而影响消费者的消费行为。

（2）消费动机的分类。

一个人复杂多样的动机往往以其特定的相互联系构成动机系统。根据不同的标准，动机可分为以下几类。

①按动机的性质分类。根据动机的性质，动机可分为生理性动机和心理性动机。

● 生理性动机。

生理性动机来源于人体得以生存和繁衍下去的最基本的生理需要，如对空气、水、食物、休息等的需要。生理性动机具有经常性、重复性、习惯性和相对稳定性的特点。

生理性消费动机在消费者的消费行为中所起作用的大小，与消费者的收入水平及消费结构有直接的联系。在收入水平较低时，其消费活动首先保证满足生理性需要，消费时注重商品和服务的实际效用，而不大考虑其他因素。只有当消费水平达到一定的程度时，生理性消费动机的作用才会逐渐减弱。

● 心理性消费动机。

心理性消费动机来源于人们的社会环境所带来的需要，如对安全和舒适的需要、被人尊重的需要等。由这些需要驱使的行为动机，来自外部社会，一般通过外界学习而获得。比如，饭店客人在决定住宿、就餐之前，常常伴随着复杂的心理活动，也就是说，他们的消费行为不仅要受到生理性消费动机的驱使，还要受到各种心理活动的支配。这样，心理活动的结果往往就成为决定消费者消费什么、消费多少、在哪里消费、何时消费的重要因素。与生理性消费动机相比，对于推动消费者的消费行为，心理性消费动机所起的作用有日益增强并逐渐占据主导地位的趋势。

②按动机在行为中的作用分类。

根据动机在行为中的作用，动机可分为主导动机和辅助动机。在引起复杂活动的各种不同动机中，有的动机强烈而稳定，在活动中起主导和支配作用；有些动机则起辅助作用，只是对主导性动机的一种补充。

③按动机存在的形式分类。

根据动机存在的形式，可以把动机分为显性动机和潜在动机。显性动机是指动机清晰明确，对当前的行为构成直接的影响。潜在动机则是不清晰明确的，在内在和外部条件成熟的时候才能浮现出来，并对行为产生影响。

二、威廉·威尔引入"价值观"和"生活形态"的概念

1. 生活形态营销的概念

所谓消费者生活形态指的是选择的支配时间和金钱的途径以及如何通过一个人的消费选择来反映价值取向和品位。

简言之，生活形态营销就是研究一群人支配时间和金钱的公式。生活在现代社会中，消费者在购买商品的时候不仅要考虑商品的使用功能，能否让他们的生活更加舒服也是应该考虑的问题。生活形态营销倡导企业经营消费者的生活模式，使消费者能够养成良好的消费习惯，在消费者的需求还未明显表现出来时根据对其生活形态的研究挖掘其内心深处的需求，

然后再充分利用创造性生产消费者喜欢的商品，这样就能扩大消费市场。

2. 生活形态营销提出的商业背景

由于现在的市场竞争特别激烈，所以企业之间的竞争不再停留于产品的质量，而是顾客满意度的竞争。因为消费者的生活氛围更加开放，生活环境也更自由，所以其生活方式也逐渐发生变化。之前，人们购买商品就是满足基本的生活需求，但是现在人们也开始跟随自己的情感或者是价值观来购买商品，不仅要满足基本需求，还要体现生活的品质。所以，企业要想有好的发展前景，要占领市场，就必须了解消费者的生活形态，只有这样，才能明白消费者到底需要的是什么样的商品，找到市场缺口，不断发展，提高企业的竞争力。

3. 生活形态营销理论的提出

在 1975 年，美国学者威廉·威尔在美国的《营销研究学报》上正式提出了生活形态这个概念。这标志着生活形态营销被第一次系统地用到企业营销实践中，而且还为企业的营销发展提供了条件。林资敏是华人地区第一家生活形态营销策略咨询公司总研社行销策略顾问、集团的总裁。她认真研究了生活形态营销在企业品牌策略和产品营销趋势上的价值。在她看来，任何企业要想在激烈的竞争中立于不败之地，不仅要有独到的眼光，而且还要了解消费者的心理，掌握消费趋势，只有这样，才能生产出满足他们需求的商品。在颠覆传统营销概念的基础上，她提出了生活形态营销，目的就是从消费者着手，了解消费者的消费趋向，最终找到市场缺口，抢占商机。

生活形态营销理论的提出并不是没有根据的，它有着坚实的理论基础。

（1）杰罗姆·麦卡锡先生提出的 4Ps 理论最初涉及生活形态营销理论的内容。

4Ps 理论最早是由 E. 麦卡锡先生提出的，它主张促销策略应该根据消费者的内心需求，把握消费者的个性心理特征，选择合适的促销手段，如果需要广告销售则一定要以消费者的生活形态差异为依据，只有这样，才会有更好的宣传效果。

（2）美国整合行销传播之父唐·舒尔茨教授提出的4C理论促使企业营销从产品跨越到消费者，说明生活形态营销理论得到了真实应用。

4C理论的主张主要包括以下几个方面：首先，它强调消费者需求，企业要生产消费者所需要的产品；其次，消费者愿意付出的成本，企业定价要通过研究消费者的收入状况、消费习惯以及同类产品的市场价位来确定；再次，要为消费者提供方便，这里的方便主要指的是购买环节的便利，使消费者快速便捷地买到该产品，由此产生了多种新的销售行为，如送货上门、电话订货、电视购物等；最后，保证与消费者的沟通，消费者不只是单纯的受众，他本身也是新的传播者，必须实现企业与消费者的双向沟通，只有这样，才能与消费者建立长久不散的关系。4C理论着眼于消费者需求，落足于建立企业与消费者的关系。

总之，生活形态营销理论的提出是有基础的，它在综合并发展前人著名营销理论的基础上，进一步把握市场环境的变化和研究消费者的行为差异。生活形态理论不仅是一种市场细分的好方法，而且还为商家把握消费者的动向提供了方便。

三、运用生活形态研究挖掘消费者需求

1. 运用消费者生活形态分析架构描述细分市场

（1）消费者生活形态分析方法。

①横断面分析：所谓横断面分析是指针对某一年代的消费者资料分析比较各方面的不同，如价值观、生活需求、欲望、生活形态等，通过比较就可以整理出各个不同的族群，分别找出其特性。

②纵断面分析：纵断面分析就是对长期的消费者资料寻找出其生活形态有明显差异的时点，整理出各时代生活形态的特点。

③焦点族群分析：从横断面分析所获得的族群中找出一些较重要的族

群，对其生活形态作深入的探讨比较。

④特定族群分析：从横断面分析所获得的族群中找出某一特定族群，探讨其生活形态的各项特点。

（2）利用生活形态分析结果描述细分市场。

①定义目标市场：定义目标市场可以帮助厂商突破简单的统计数据或对产品的使用情况的描述。

②对目标市场提出新见解：营销者根据目标市场消费者生活形态可有针对性地提出营销策略。

③对产品进行正确的定位：通过研究生活形态，商家可以发现个人生活形态的产品缺口，然后针对这个缺口来生产商品，这样不仅满足了消费者的需求，而且还能使企业在激烈的市场竞争中立于不败之地。

2. 运用消费者生活形态的特点不断创新，满足消费者深层次的消费

市场的发展趋向与消费者的需求有着非常密切的关系。所以，商家如果想要在激烈的市场竞争中立于不败之地，必须要了解消费者的消费行为，只有这样，才能生产出受消费者欢迎的产品。

3. 生活形态营销的意义

生活形态营销可从多方面了解消费者的需求，如消费者的族群定位、心理与嗜好的生活观、购物与理财的消费观以及媒体与偶像偏好的传播等。所以，在此基础上，企业可以生产出满足消费者需求的商品。

（1）消费者的生活形态是影响其对产品选择的决定性因素。

关于这一方面做得较好的企业有日本索尼、东芝等，在开发新的产品之前，他们都甘于花大量的时间和精力去研究其目标消费群体的生活形态，当得到准确的数据资料之后，他们会详加分析，生产出适合消费者需求的产品，所以，取得成功也是必然的。

（2）生活形态营销有助于企业集中优势资源锁定目标消费者，从而采取正确的营销策略。

从传统的企业市场营销来看，很多企业都是在没有确定目标消费者的前提下就投入巨额的成本来进行广告宣传或者是促销，这样不仅无法取得好的效益，而且还造成了资源浪费。因此，这种做法是非常不可取的。企业在进行推广活动之前一定要确定好商品的目标消费者，只有这样，才能有的放矢，才更容易走向成功。

（3）生活形态营销对企业的市场细分提供了更加科学有效的方法。

"生活形态"研究认为，人口统计的特征是影响购买与消费的最基本因素，因此它具有稳定性。但是，生活形态对人的消费购买行为起着直接的影响，同时也有不确定性，所以，在企业营销过程中一定不能忽视它。

（4）生活形态研究有利于企业树立个性化的品牌，提高品牌知名度。

"生活形态"的引入促使市场研究人员加强对消费者态度与使用的研究，商家可以通过消费者的生活态度或者是生活习惯来判断其生活方式。另外，还要注重树立品牌，形成自己的品牌特性。

（5）"生活形态"这一概念对广告的影响更是具体而深远。

商家在制作宣传广告的时候一定要以了解消费者的生活形态为前提。只有这样，才能让自己在激烈的市场竞争中立于不败之地。

四、品牌基于消费者的定位

1. 自我表现定位

该定位通过表现品牌的某种独特形象和内涵，让品牌成为消费者表达个人价值观、审美情趣、自我个性、生活品位、心里期待的一种载体和媒介，使消费者获得一种自我满足和自我陶醉的快乐感觉。根据2011年6月的数据显示，猫人内衣公司在中国内衣市场占有率第八。这标志着猫人致力打造的"性感、时尚"的猫文化正受到越来越多消费者的认可与尊崇。还有浪莎袜业锲而不舍地宣扬"动人、高雅、时尚"的品牌内涵，也正是为了满足消费者表现靓丽、妩媚、前卫的心理。

2. 档次定位

不同的品牌常在消费者心目中按价值高低区分为不同的档次。品牌是产品质量、消费者的心理感受及各种社会因素如价值观、文化传统等的综合反映，定位于高档次的品牌，传达了产品（服务）高品质的信息，同时也体现了消费者对它的认同。档次具备了实物之外的价值，如给消费者带来自尊和优越感。高档次品牌往往通过高价位来体现其价值，如卡地亚婚戒，价格高达几万元，是众多珠宝品牌中的至尊，也是财富与地位的象征，拥有它，无异于展示自己是一名成功的人士或上流社会的一员；又如酒店、宾馆按星级划分为 1～5 个等级，五星级的宾馆其高档的品牌形象不仅涵盖了幽雅的环境、优质的服务、完备的设施，还包括进出其中的都是有一定社会地位的人士；定位于中低档次的宾馆，则针对其他的细分市场，如满足追求实惠和廉价的低收入者。

正因为档次定位综合反映品牌价值，不同品质、价位的产品不宜使用同一品牌。如果企业要推出不同价位、品质的系列产品，应采用品牌多元化策略，以免使整体品牌形象受低质量产品影响而遭到破坏，如定位于中高档次的美特斯邦威集团的品牌 ME&CITY 在宣传时没有与美特斯邦威区分开而导致不被消费者认同。

3. 情感定位

菲利普·科特勒认为，人们的消费行为变化分为三个阶段：第一是量的消费阶段，第二是质的消费阶段，第三是情感消费阶段。在第三个阶段，消费者所看重的已不是产品的数量和质量，而是与自己关系的密切程度，或是为了得到某种情感上的渴求满足，或是追求一种商品与理想自我概念的吻合。显然，情感定位是品牌诉求的重要支点。顺应消费者消费心理的变化，以恰当的情感定位唤起消费者心灵的共鸣，可以充实和加强产品的营销力量。品牌的情感定位是将人类情感中的关怀、牵挂、思念、温暖、怀旧、爱等情感内涵融入品牌，使消费者在购买、使用产品的过程中获得这些情感体验，从而唤起消费者内心深处的共鸣和认同，最终获得对品牌的喜爱和忠诚，如哈根达斯的情感定位——营造爱的味道。

4. 对象定位

企业的经营是面向不同细分市场的消费群体，而对象定位直接以某个消费群体为诉求对象，突出产品专为该类对象服务，以获得目标消费群的认同。把品牌与消费对象结合起来，有利于增进消费者的归属感，使其产生"我自己的品牌"的感觉,如金利来定位为"男人的世界",哈药的护彤定位为"儿童感冒药"等。

5. USP 定位

USP 定位是指根据品牌向消费者提供的利益进行定位,而且利益点是其他品牌无法提供或者没有诉求过的,是独一无二的。运用 USP 定位,在同类产品品牌众多、竞争激烈的情形下,可以突出品牌的特点和优势,让消费者按自身偏好和对某一品牌利益的重视程度,在有相关需求时,更迅捷地选择商品。摩托罗拉和诺基亚都是手机市场高知名度的品牌,但它们强调的品牌利益点不同,摩托罗拉向目标消费者提供的利益点是"小、薄、轻"等特点,而诺基亚则声称"无辐射"。在汽车市场,宝马宣扬"驾驶的乐趣",富豪强调"耐久安全",马自达是"可靠",瑞典萨博SAAB 是"飞行科技",TOYOTA 的"跑车外形",菲亚特则"精力充沛",而奔驰是"高贵、王者、显赫、至尊"的象征,奔驰的广告中较出名的系列是"世界元首使用最多的车"。当然,利用 USP 定位有几点需要特别注意:首先,USP 诉求的利益点是消费者感兴趣或关心的,而非企业自身一厢情愿的售卖点;其次,诉求点应是其他品牌不具备或者没有指明的独特之处,在消费者心目中,该点位置还没有被其他品牌占据;最后,利用USP 诉求时,一般要突出一个主要利益点。

实力雄厚的领导企业可以利用 USP 定位在同一类产品中推出众多品牌,覆盖多个细分市场,提高其总体市场占有率。P&G(宝洁)公司运用USP 品牌定位相当成功。以洗衣粉为例,宝洁相继推出了汰渍(Tide)、快乐(Chear)、波尔德(Bold)、德莱夫特(Dreft)、象牙雪(Lvory Snow)、伊拉(Era)等 9 个品牌,每个品牌都有其 USP,汰渍"去污彻底",快乐是"洗涤并保护颜色",波尔德"使衣物柔软",德莱夫特"适于洗涤婴儿衣物",象牙雪"去污快",伊拉则声称"去油漆等顽污",等等。宝洁公司通过 USP 定位,发展多种品牌,使自己的货架空间不断扩张。

品牌定位是品牌经营的首要任务,是品牌建设的基础,是品牌经营成功的前提。品牌定位在品牌经营和市场营销中有着不可估量的作用。成功的品牌都有一个特征,就是以一种始终如一的形式将品牌的功能与消费者的心理需要连接起来，通过这种方式将品牌定位信息准确传达给消费者。塑造品牌必须挖掘消费者感兴趣的某一点，以此开展品牌定位，当消费者产生这一方面的需求时，首先就会想到该品牌。品牌定位的缺失或错误，轻则导致企业业绩的下滑，重则使这个品牌成为历史，销声匿迹。

第 **8** 章

定位营销——创造差异，赢取市场

一、商品学派的发展过程

1. 商品学派的出现

20 世纪初，随着营销作为一门独立的学科出现，商品学派也开始萌芽。其基本原理是，既然营销是推动商品从生产者向消费者流动的活动，那么营销学者就应集中研究交易的载体——产品。因为营销学主要起源于农业经济和农产品营销，所以这一学派被称为商品学派。尽管后来该学派的支持者们主要研究的不是农产品，而是工业消费品。

早期的商品学派学者意识到，那些更加先进的学科都是建立在一种具体且全面的分类体系上的。在学术领域，学者们首先关注行为的重要性，并用最适合比较行为的方法对文献资料进行分类。在学术研究中，这些学者最先重视行为或者市场功能（即商品是怎样在市场上运行的）的探讨。随后，他们从对行为或功能的研究回到对商品分类系统的研究。这对功能的范围和类别进行系统研究大有帮助。

商品学派认为，营销过程中正在交换的物品如果能够按某种合理的方式分类，营销学就能在科学性上获得巨大进步。这些早期的商品学派学者不仅将视线放在理论科学范围内，还注意观察营销实践的应用领域。他们意识到，即使营销为学术领域所接受，如果不能被营销实践者所接受，仍然是站不住脚的。他们举例说，营销理论家能以什么样的建议来帮助一位克里夫兰的油漆生产者更好地将他的产品销售给俄亥俄州的油漆店呢？

商品学派理论家认为，当商品分类体系发展完善时，每一个商品都不是孤立的，许多商品之间有着紧密的联系。因而，这些商品可以组成一个相对同质的类别，对同类中的所有产品都可以采用相同的营销方法和技巧。商品可分为有限的内部同质而外部异质的几类的观点给商品学派学者以巨大的鼓舞，因为他们开始看到一个出色的"营销食谱"。在他们看来，当一位营销实践者需要某种具体产品的营销建议时，他只需找到其产品所处的类别，然后再遵循该类别的既成"处方"就可以了。换言之，将一种产品归入商品分类中的某一类别，就会使许多决策变得简单，如选择适当地销售某一特定商品的商店类型、分销的密度，选择批发分销的方式、与交易商建立何种关系以及广告所要达成的任务等。

2. 商品学派的修正

这些学者认为，要区分便利品与选购品，应给予消费者所充任的角色以高度的重视。某些产品对一些顾客来说是选购品，对另一些顾客来说也许就是便利品，只有从个体消费者的角度出发才能更准确地定义便利品与选购品。可以说，便利品是消费者比较不同卖主产品价格质量的所得会小于自己付出的时间、金钱、精力等选购成本的产品；选购品就是个体消费者通过对不同卖主产品价格质量的比较所得会大于他自己付出的时间、金钱、精力等选购成本的产品。

这些学者还认为，特殊品在本质上并不是与便利品和选购品严格区分开的独立类型。这里必须分清两个不同概念，即愿意付出特别努力和必须付出努力。特殊品的显著特点就是必须去做一种特殊的购买努力才能买到所需的产品，这一现实问题根源于此种产品有限的市场供给。如果上述推理成立，特殊品就是面临一个有限的市场、销路相对窄小、需要购买者经过一番特殊的努力才能买到的便利品和选购品。所以，特殊品的分类似乎重叠了其他两类产品，不能独立于选购品或者便利品。

另一些学者认为，应多重视消费者花费特殊精力的意愿，而少注意这种努力的必要性。在这场争论中，商品学派学者提出，进行区别的第一步就是要搞清楚选购品与非选购品之间的区别。选购品是那些在消费者产生需要后，定期用不同方式来满足需要的物品，这些物品的适用性在选购中确定。非选购品是消费者愿意且能够用一贯的方式来获得的产品。非选购品可进一步划分为便利品和特殊品。显然，当消费者面临一大堆替代品而买哪一个都无所谓时，他将买最方便得到的产品而不是另求其他，这就是便利品。而当消费者认为只有一种品牌的产品才能满足他的需要时，他就会略过一些易于得到的替代品，去寻求自己想要的产品，这就是特殊品。

在这之后，以便利品、选购品、特殊品作为三大类别的分类体系重新在商品学派中确立了牢固的主导地位。随着营销学的发展和不断引进其他相关学科的新概念，营销学者也不断地对这种分类体系提出争议和挑战。如若将选购努力作为首要考虑因素的话，上述定义都没有明确区别两种类型的努力，一种是特别的体力付出，特殊品的购买者为了得到一项特定的产品而情愿专门花费的体力；另一种是脑力耗费，主要花费在问价、比较区分不同的选购品上。

通过引入认知冲突理论，商品学派为这三大基本产品类别做了另一套定义。

便利品是那些或是因为价格低、易损耗，或是因为购买活动对消费者并不重要因而介入程度低的物品。消费者经常由于寻求实用性而接受许多合适的替代品，这样一来，消费者在购买时很少担心自己的购买决策在日后会被证实为不合适的，而购买他物会更合算。

选购品是那些购买前会引起消费者的担心，怕自己可能在购买后产生不满意的产品。消费者可以通过收集信息和随后的购买决策缓解这种担心。这些物品在经济上和心理上对消费者都很重要，同时拥有卓越的与众不同的性能，拥有与这些性能特性相关的实体特征。

特殊品是那些无论在经济、心理的重要性还是在出众的产品性能特点上都足够列为选购品的产品，但它们的实体特征与消费者追逐的性能特征一般没有关系。另外，其替代品十分有限，以至于消费者不得不购买那些可能引起不满的产品。购买前同样有所担忧，而且不易被购买行为所缓和。

3. 商品学派的"衰退"和演变

在营销学的早期发展阶段，商品学派占据主导地位。但当营销学步入20 世纪 70 年代之后，商品学派所采取的商品研究法被不少学者认为是过时的。科特勒在 1972 年撰文认为商品研究法可以看做营销思想发展的一个较早期的阶段。巴特尔斯在 1976 年出版的《营销思想史》一书中，将商品学派的衰退与 20 世纪 50 年代起学术界开始追求的一种对于营销现象更具理论解释性的方法的范式变革运动联系起来，认为商品研究法关注的重点是商品的分类，无法对营销现象做出系统性的理论解释。也有一些学者认为商品学派的衰退与营销思想的焦点从商品转向个体企业的视角转移有关。可以说明商品学派出现"衰退"状况的一个最有力的证据是，从 20世纪 70 年代中期到整个 20 世纪 80 年代，出版的营销教材和学术期刊文章中很少有直接引用商品研究法来作为一种研究营销现象的方法的。

但同时让人感到迷惑的是，基于商品研究法的文章仍然见于各种营销文献。服务营销和工业产品营销成为一大批营销学者的研究领域。在今天，大多数的营销教材都包括工业和服务营销的章节。沃尔特·津恩（Walter Zinn）和斯科特·D. 约翰逊（Scott D. Johnson）对这一悖论进行了研究，发现虽然学者对于商品研究法本身的研究兴趣降低，但是商品研究法却是学者们对于营销现象进行进一步深入研究的基石。

商品学派依然在当今的营销文献中占有一席之地的原因，可归纳为以下几点。①由于对商品进行分类是对营销现象进行系统性研究中重要的第一步，因而商品研究法往往有助于营销理论的构建。②商品研究法是进行比较营销研究的一个好的数据来源。比如，通过对在不同国家（国际营销）、不同文化（跨文化营销）和不同时期（比较营销历史）中营销的相似商品进行比较研究，有助于对营销现象的理解。③商品研究法识别出在大多数产品的营销中都存在着一种独特性的元素。独特性的一个重要来源是立法。一个国家的立法对于个体产品的设计、分销和营销具有重要的影响。④商品研究法能为那些被营销从业者和全社会都认为重要的商品提供具有洞察力的知识。

在 20 世纪早期，由于社会对食物分销的成本很关心，因而对于食物产品营销的研究就很重要，在当时也出现了大量关于食物分销的研究文章。而随着美国经济的发展，工业产品和服务产品成为社会关注的焦点，因而工业品营销和服务营销成了商品研究法的重点。

4. 对商品学派的评价

商品学派的学者总是强调"营销的管理食谱"对营销管理的重要性：任何产品分类体系都有这样一个目的，即对管理人员的决策进行指导。一个具体一致的营销战略应以购买者所感知的产品特征为基础。这一分类系统为管理人员的战略规划提供了导向，包括购买者的认知、营销者的目标和基本战略、营销组合的每一因素的具体战略等。

总而言之，商品学派建立的连接营销组合战略与产品分类的综合模型对营销学者和实践者极富吸引力，但这一学派也有其局限性：①研究重点一直局限于消费品，缺乏对商品理论对其他种类产品的适用性的研究，如工业品、服务和社会产品。②消费者行为在不同文化范围可能也有变化，要求分类系统也应相应地变化。③由于不断采用新技术（比如电子购物的发展）造成的消费者行为的变化，商品学派只有显示它能够适应新技术的冲击，其理论的丰富性才能大大提高。④从一个产品种类的集中研究中得出的只是一种特解，不具有普遍性，这也是长期困扰营销学者的一个问题。

二、20 世纪 60 年代的形象年代

1. 形象营销的概述

形象营销是指以公众评价的市场营销活动为基础，在激烈的市场竞争中，企业为实现目标，通过与现实已经发生和潜在可能发生利益关系的公众群体进行传播和沟通，使其对企业营销形成较高的认知和认同，从而建立企业营销良好的形象基础，最终形成企业营销宽松的社会环境的管理活动过程。企业努力塑造和提升营销形象的目的就是希望企业营销在利益关系公众中树立稳固的心理地位，使其对企业有较好的评价，产生认同感和归属感，这样更有利于企业产品的推广和接受。这种较为宽松的社会环境对商家是非常有利的。

在工业化早期，由于有着非常大的产品市场需求，因此，企业在生产的过程中只是把人、财、物与技术手段结合起来，这样生产出产品，就可以保证生存。所以，决定企业生存和发展的唯一因素是商品力。

然而，当工业社会进入大规模生产阶段的时候，由于企业竞争更加激烈，产品种类增多，消费者也有了自己的选择余地，所以，如果企业不根据这种变化调整销售策略，必然会失败。企业唯一能够做的就是把自己的产品以各种形式介绍给消费者，这样起经济调节作用的是市场。因此，商品力不再是决定企业生存和发展的唯一因素，营销力的作用也不可忽视。

随着科学技术的不断发展，社会进入了"无差别化"时代，商品生命周期缩短，市场随时都在发生变化，所以商品力的地位也下降了。在买方市场下，企业间的竞争不再是产品竞争，而是企业整体形象的竞争。可见，企业的生存和发展与形象力有着密切关系。从此，决定企业生存和发展的因素包括三个方面：形象力、商品力和营销力。所以，形象营销已经成为一种必要的营销手段。

2. 形象营销的主要阶段

企业的目标群体是所有的消费者，它们开展形象营销的目的是提高自身在公众眼中的形象，形象营销分为三个阶段。

（1）以服务为中心阶段。

如今，企业之间的竞争不再是产品质量的竞争，它们已经认识到产品附加值的重要性，而这个附加值主要是通过服务来实现的，所以企业要想进行形象营销，首先应当做的就是提高自己的服务水平，只有这样，才能吸引更多的顾客。

（2）以顾客满意为中心阶段。

在以顾客满意为中心的阶段，企业不仅要重视产品的质量和服务，还要注重顾客的满意度，这也是企业间竞争的一个重要方面。

（3）以整体形象为中心阶段。

任何事情都是不断变化的，企业也是如此。当企业内外环境发生变化的时候，企业是否还能正常开展工作，保持企业在大众心目中的形象，这当然是对企业的一个大考验。所谓企业在大众心中的形象就是以顾客为核心的公众心理上的评价和认可程度。

三、20 世纪 70 年代的定位时代

1. 定位营销的提出

在 20 世纪 70 年代，美国的两位营销专家艾·里斯和杰克·特劳特提出了定位的概念。在 1981 年，两人合著了《定位营销策略》一书。在 2005 年 5 月，Youngme Moon 在《哈佛商业评论》上发表文章，这篇文章以定位营销理论为基础，提出用三种意想不到的方式进行定位和再定位，即逆向定位、分离定位和隐匿定位。定位营销就是通过发现顾客不同的需求，合理定位并不断地满足它的过程。对消费者、市场、产品、价格以及广告诉求的重新细分与定位是定位营销的实质。

2. 基本定位

（1）消费者定位。

在对消费者进行定位的时候，首先要寻求消费者的特殊需求或需求差异，然后要不断满足消费者的心理与购买动机，寻求消费者不同的购买差异。顾客心理需求与购买动机受很多因素影响，主要体现在以下几个方面。

①消费者的价值心理。价值心理就是通过产品或服务能够满足其名誉、地位等的心理需求。

②消费者的规范心理。规范心理是顾客接受的营销方式要符合其道德行为准则。

③消费者的习惯心理。习惯心理是商品要迎合顾客的日常行为、消费习惯。

④消费者的身份心理。身份心理是指产品要能体现消费者的身份或定位的心理。

⑤消费者的情感心理。情感心理是影响顾客情感取向的心理动机。企业要想在激烈竞争中立于不败之地，必须要在了解消费者的心理需求与购买动机的前提下生产商品。

（2）产品定位。

产品定位是将某个产品定位在消费者心中，让消费者产生类似的需求，就会联想起这种商标的产品。

一个产品应该包含 5 个层次：

产品基本的层次是核心产品，也就是顾客真正购买的服务或利益；

产品的第二层次是形式产品，指的是产品实在的形体及外观，它是核心产品的载体；

产品的第三层次是期望产品，也就是顾客购买产品时一整套属性和条件；

产品的第四层次是附加产品，指购买这种产品的顾客所得到的附加利益和服务，如产品使用说明、质量保证、售后服务等；

产品的第五层次是潜在产品，是该产品将来可能的所有增加和改变。

市场定位的第一步是产品定位，如果企业想在市场上占有非常有利的地位，则需要在上面提到的五个方面采取措施，一定要使自己的产品体现出个性，只有这样，才能吸引顾客的眼球。如果无法完全体现出个性，可以在某个方面凸显，如"低价格""高质量""技术领先"等。产品定位的步骤如下。

①识别竞争性产品。

②识别决定产品市场空间的特殊属性。

③确定区域市场的人口分布、经济状况、消费习惯、购买特点。

④检验竞争性产品定位、自己产品定位、目标消费群需求的产品定位。

⑤创造差异性，选择最佳定位。

（3）价格定位。

占领市场的一个重要因素是价格，但价格绝不是决定性因素。通常来说，我们在商场中看到的那些好产品不仅质优、服务好，而且价格也比较高，同时，销售业绩也很好；相反，那些质量低劣、价格低廉的商品不好卖。因此，并不是价格越低越好，消费者在购买商品的时候，需要将价格与质量联系在一起考虑。

（4）市场定位。

所谓市场定位，就是根据一定的指标进行市场推广，这些指标包括参考目标消费群、消费力、消费特点、销售渠道、传播方式等。对产品进行市场定位，不仅决定了产品的发展方向，而且还使消费群变得更加有选择性。然而，市场定位是市场营销的一个重要步骤，如果市场定位不够准确，必然会给企业造成很大的损失；如果定位比较准确，不仅为消费者带来了好的消费品，而且促进企业的大发展。

（5）广告定位。

广告定位不仅包括好的创意还要体现产品的独特之处，只有这样，才能让更多的消费者接受。

如果商家想在市场中立于不败之地，其产品不仅要有好的质量，而且还要有好的广告创意。好的广告定位要遵循以下"九字经"，即对谁说、说什么和怎么说。如果广告定位真的做好了，这就离成功不远了。

第 *9* 章

营销论化——非营利营销

一、"非营利营销"思想的提出和发展

随着社会的发展以及营利性组织在社会服务领域的介入，非营利组织内逐渐出现了顾客对服务不满、会员减少、成本上升、捐助缩减等难题。为了提高自身的竞争力，非营利组织开始重视营销技术、方法和原理的应用。首先是医疗、教育和艺术领域的从业者开始尝试应用营销技术开展组织活动，随即是图书管理员、娱乐专家、政治家以及社会服务组织和主要慈善团体也都接受了营销理念。虽然目前尚未形成系统化的非营利组织营销的理论体系，但 21 世纪以来，理论界在非营利组织市场开发、非营利组织市场导向、非营利组织营销战略和策略等方面也取得了一些具有启发性的研究成果。

营销应用于非营利组织的思想源于科特勒和西德尼·J. 利维（Sidney J. Levy）、科特勒和杰拉尔德·扎特曼以及本森·夏皮罗（Benson Shapiro）

等撰写的一系列文章。他们认为营销是一种非常普遍的社会活动，不仅仅是销售牙膏、肥皂和钢铁，还可用于政治竞选、高等教育、公益筹款等领域，虽然特定的商业概念在非营利组织中有不同的功能，但它们可以用来提高非营利组织的运作效率。如果非营利组织能够有效地应用营销观念，那么其组织效率将会明显提高。

20 世纪 80 年代末，非营利营销理论达到其生命周期的成熟阶段。这一时期诞生了大量关于非营利组织营销的著作和新的学术性期刊，关于非营利营销的研究也越来越多。1989 年，德鲁克曾撰文指出，"非营利组织正在成为美国管理界的领袖，实践着大多数美国商人所鼓吹的事情"，并进一步提出，虽然非营利组织致力于公共服务，但它们也应该意识到好的意图不能代替管理与领导，不能代替责任、绩效和成果。

20 世纪 90 年代以来，非营利组织面临着更加激烈的竞争，营销在非营利组织运营中扮演着越来越重要的角色。非营利组织的管理人员需要掌握怎样谨慎选择目标市场，面对竞争者如何提供高效服务，以及如何整合营销项目的诸多因素以获得尽可能多的有限资源。营销为非营利组织的生存、发展和增强它们对社会福利的贡献，提供了巨大的潜力。随着社会的发展，人们对非营利组织服务的需求日益增加，非营利组织在社会中发挥着日益重要的作用，产生了重大的经济和社会影响，向社会生活的各个方面渗透，人们开始对非营利组织的市场导向问题以及非营利组织的产品、价格、渠道和促销等营销策略进行深入的研究，并逐渐将研究重点朝着非营利组织的国际化和非营利组织的伦理关怀等方向发展。

二、非营利组织市场营销分析

非营利组织市场购买行为是指国家机关、事业单位和团体组织，使用财政性资金采购依法制定的集中采购目录以内的或者采购限额标准以上的货物、工程和服务的行为。

所谓"非营利组织"泛指一切不从事营利性活动的组织，也就是不以创造利润为根本目的的机构团体。不同的非营利组织，有其不同的工作目标和任务。在我国，习惯以"机关团体事业单位"称谓各种非营利组织。

所谓"非营利组织市场"是指为了维持正常运作和履行相关职能而购买产品和服务的各类非营利组织所构成的市场。

1. 非营利组织市场的类型

（1）公益性组织。

这类组织通常以国家或社会整体利益为目标，服务于全社会。这类非营利组织，有各级政府有关部门，还有军队、警察等。

（2）互益性组织。

互益性组织较重视内部成员的利益和共同目的，看重对成员的吸引力。如职业或业余团体、宗教组织、学会和协会、同业公会等。

（3）服务性组织。

服务性组织以满足某些公众的特定需要为目标或使命。常见的有学校、医院、新闻机构、图书馆、博物馆及文艺团体、红十字会、福利和慈善机构等。

2. 非营利组织市场的购买方式

（1）公开招标选购。

通过广告或信函，说明拟购商品及品种、规格、数量等，邀请供应商投标。有意争取业务的企业，在规定期限内填写标书（格式通常由招标人规定），密封送交招标人。有关部门在规定日期开标，选择报价低且符合要求的供应商成交。

参与公开招标必须注意：产品能否达到招标要求，合约条件对己是否有利；对于报价高低的抉择，既要有利可图，又要保证夺标；能否满足买方的一些特殊需求。

（2）议价合约选购。

选购者先和几个企业接触，最后和其中一个符合条件的企业签订合同。该方法用于复杂的工程项目，涉及重大的研究开发费用和风险。

（3）日常性采购。

日常性采购是为了维持日常运转进行的采购。其金额小，交款和交货方式常为即期交付，类似于生产者市场的"直接重购"；有时像中间商市场的"最佳卖主选择"或"谋求更好的交易条件"等类型。

3. 非营利组织的购买特点

（1）限定总额。

非营利组织的采购经费总额是既定的，不能随意突破。比如，政府采购经费的来源主要是财政拨款，拨款不增加，采购经费就不可能增加。

（2）价格低廉。

非营利组织大多没有宽裕的经费，在采购中要求商品价格低廉。政府采购用的是纳税人的钱，更要仔细计算，用较少的钱办较多的事。

（3）保证质量。

非营利组织购买商品不是为了转售，也不是为了使成本最小化，而是要维持组织正常运行和履行组织职能，所购商品的质量和性能必须保证实现这一目的。比如，医院以劣质食品提供给病人不仅会损害病人的健康，也会损害其声誉，采购人员必须购买质量符合要求的食品。

（4）受到控制。

为了使有限的资金发挥更大的效用，非营利组织采购人员会受到较多的控制，只能按照规定的条件购买，缺乏自主性。

（5）程序复杂。

非营利组织购买过程的参与者较多，程序也较为复杂。比如，政府采购要经过许多部门签字盖章，受到许多规章制度的约束，要准备大量的文件，填写大量的表格，遇有官僚气息严重的人则更加难办。

4. 政府市场及购买行为

政府市场是非营利组织市场的重要构成部分，且关于非营利组织购买行为的阐述同样适用于政府市场。此外，政府市场还有自身的特点与购买行为。

（1）政府市场的购买目的。

政府采购的范围极其广泛，按照用途可分为军事装备、通信设备、交通运输工具、办公用品、日用消耗品、劳保福利用品和其他劳务需求等。政府采购的目的不像企业那样是为了赢利，也不像消费者那样是为了满足生活需要，而是为了维护国家安全和社会公众的利益。政府采购的具体目的：加强国防与军事力量；维持政府的正常运转；稳定市场，政府有调控经济、调节供求、稳定物价的职能，常常需要支付大量的财政补贴以合理价格购买和储存商品；对外国进行商业性、政治性或人道性的援助等。

（2）政府市场购买过程的参与者。

各个国家、各级政府都设有采购组织，一般分为两大类。

其一，行政部门的购买组织。如国务院各部、委、局；省、直辖市、自治区所属各厅、局；市、县所属的各局、科等。这些机构的采购经费主要由财政部门拨款，由各级政府机构的采购办公室具体经办。

其二，军事部门的购买组织。军事部门采购的军需品包括军事装备（武器）和一般军需品（生活消费品）。各国军队组织都设有国防部和国防后勤部，国防部主要采购军事装备，国防后勤部主要采购一般军需品。在我国，国防部负责重要军事装备的采购和分配，解放军总后勤部负责采购和分配一般军需品。此外，各大军区、各兵种也设立后勤部负责采购军需品。

（3）影响政府购买行为的主要因素。

政府市场与生产者市场和中间商市场一样，也会受到环境因素、组织因素、人际因素和个人因素的影响，但在以下几个方面有所不同。

首先，受到社会公众的监督。

虽然各国的政治、经济制度不同，但是政府采购工作都要受到各方面的监督，主要的监督者如下。

①国家权力机关和政治协商会议。也就是国会、议会或人民代表大会、政治协商会议。政府的重要预算项目必须提交国家权力机关审议通过，经费使用情况也要受到监督。

②行政管理和预算办公室。有的国家成立专门的行政管理和预算办公室，审核政府的各项支出并试图提高其使用的效率。

③传播媒体。报刊、杂志、广播、电视等传播媒体会密切关注政府经

费的使用情况，对于不合理之处会予以披露，从而起到了有效的舆论监督作用。

④公民和民间团体。国家公民和各种民间团体对于自己缴纳的赋税是否切实地用之于民也非常关注，他们通过多种途径表达自己的意见。

其次，受到国内外政治形势的影响。

比如，在国家安全受到威胁或出于某种原因发动对外战争时，军备开支和军需品需求就大；和平时期用于建设和社会福利的支出就大。

再次，受到国内外经济形势的影响。

经济疲软时期，政府会缩减支出，经济高涨时期则增加支出。国家经济形势不同，政府用于调控经济的支出也会随之增减。我国出现"卖粮难"现象时，政府按照最低保护价收购粮食，增加了政府采购支出。美国前总统罗斯福在经济衰退时期实行"新政"，由国家投资大搞基础设施建设，刺激了经济增长。

最后，受到自然因素的影响。

各类自然灾害会使政府用于救灾的资金和物资大量增加。

（4）政府购买方式。

与其他非营利组织一样，政府购买方式有公开招标选购、议价合约选购和日常性采购三种，其中以公开招标选购为最主要方式。采用公开招标选购方式时，政府要制定文件说明对所需产品的要求和对供应商能力与信誉的要求。议价合约的采购方式通常发生在复杂的购买项目中，往往涉及巨大的研究开发费用与风险，有时也发生在缺乏有效竞争的市场情况下。

由于政府支出受到公众的关注，为确保采购的正确性，政府采购组织会要求供应商准备大量的说明产品质量与性能的书面文件，决策过程可能涉及繁多的规章制度、复杂的决策程序、较长的时间及采购人员的更换，这些会引起一些供应商的抱怨。政府机构也会经常地采取改革措施简化采购过程，并把采购系统、采购程序和注意事项提供给各供应商。供应商必须了解这个系统并投入相当的时间、资金和其他资源来制订有竞争力的标书。

三、营销学不仅适用于产品和服务，也适用于其他

1. 资金募集

虽然许多非营利组织正在逐渐扩大收费服务和产品的范围，但是它们的主要资源仍然来自筹款。私有非营利组织依靠三种主要资金来源：基金会、企业和个人。因此，筹款是营销理论在非营利领域的重要应用之一，由于竞争日益激烈，这也成为非营利组织面临的一大难题。

非营利组织的顾客分为捐赠者和受益者。资源从捐赠者市场产生，随后被分配给受益者市场。在这种情况下，营销的角色就是创造和维持"满意的交换"。捐赠者捐赠的数量受许多因素的影响，诸如从捐赠获得的家庭效用、组织效用、感知到的组织专业性以及非营利组织提供的服务质量等都能够影响捐赠的水平和时限。

2. 志愿管理

随着社会对非营利组织所提供服务的需求越来越多，志愿行为的作用越来越重要。但是由于人的差异，不同的人具有不同的志愿意愿。为了有效地做好非营利组织营销工作，获得足够的资源来维持非营利组织的运行，必须对影响公众从事志愿活动的因素进行研究，从而有助于非营利组织有效地向公众传递合适的信息，使用合适的媒介接触潜在的志愿者，更有效地劝说人们从事志愿活动并合理分配不同志愿者从事不同的志愿活动。非营利组织要注重"非交易行为"，考虑人们的社会、情感需要。已证实的志愿行为影响因素包括两点。

（1）性别和职业。

男性和非工作的志愿者比女性和工作的志愿者更愿意在志愿行为上花费更多的时间，为更多的组织从事志愿活动投入更多的感情。

（2）公众的自我感知。

志愿者会根据自我一致性选择合作的非营利组织，这对非营利组织招募志愿者有很高的参考价值。因为组织可以根据志愿者自我观念和不同非营利组织的形象之间的关系，在招募志愿者的活动中制定有效的沟通策略。

3. 与私营部门的合作

20世纪90年代的非营利组织与企业在利益方面的联系越来越多。一方面，企业认识到履行社会责任是企业成功的一个关键要素，另一方面，非营利组织也需要更多的资金来源。因此，这两方面的因素共同促进了企业社会责任活动的发展。企业出于各种各样的动机，开始实施诸如事业关联营销等其他创新计划，每年向各种不同的非营利组织捐献大量资金。

事业关联营销（cause - related marketing）是企业为了增加销售收入而向一个或多个非营利组织进行捐赠的行为。当企业需要利用的社会事业与非营利组织的慈善目标互相兼容时，这种兼容性会提升企业的形象和消费者对品牌的回忆，改善组织信任和消费者的态度。兼容性取决于对事业的涉入度和熟悉度，消费者对于事业的涉入度和熟悉度决定了消费者对兼容性的感知和随后的认知反应，与事业发起者的兼容性感知具有正向的相关关系。

四、政治活动中对营销的运用——
奥巴马在总统战中的政治营销

罗斯福曾经说："不做总统，就做广告人"。这句话就会让别人感觉到广告人可以与总统并驾齐驱。

在美国大选中，奥巴马击败罗姆尼，成功连任，用独特的手法让我们见识了两者的联系以及营销"远图谋国"的巨大能量。

关于奥巴马的总统之路可以将其概括为一部品牌营销教科书，奥巴马对政治营销之道非常熟悉。他知道口号的力量，正因为他有独特的营销技术，才使最终支持自己的人压过了反对自己的人，在美国总统大选中获胜。

虽然奥巴马在参加美国总统选举的时候，美国经济都处于低迷状态，但是他打破美国总统大选的魔咒，成功连任，之所以会这样，这与奥巴马"对症下药"有密切关系。

1. 公开表达自身的政策主张并持之以恒——单一品牌诉求

要想让更多的顾客购买自己的商品，对自己的商品比较认可，那就需要创造属于自己的品牌。在收集民意的基础之上，在竞选美国总统之初，奥巴马就提出了自己的品牌诉求——"Change"（改变），无论走到什么地方进行宣讲的时候他都会宣扬自己改变的决心和信心。就是以这个词为核心，奥巴马将几乎所有的问题囊括在内，如经济议题、种族议题、政党议题、气候议题、社会保障议题……众多的品牌诉求凝练成了一个单一品牌诉求，所以奥巴马的政策主张就变得很有说服力。

在当时的经济状况下，美国亟须改变。所以，这正迎合了美国选民的心思。当奥巴马带着自己的主张出现在众多选民面前的时候，选民甘愿成为奥巴马的粉丝，所以，他能连任美国的总统是毋庸置疑的事实。

2. 个性鲜明的政治语言——广告口号

要想使营销取得成功，它需要多方面的配合。在创造出自己的品牌之后，还要有相应的广告口号进行配合，只有这样，才能让更多的人为之所熟悉，取得成功的概率也更大。而奥巴马深谙政治传播真谛，所以为此做出一切努力。

当"Change"为大家耳熟能详的时候，"Yes，we can"这句广告语也被创造出来并广为传播。这句口号不仅暗示了奥巴马能拯救美国，更暗示着只有大家团结一心才能改变美国。它增强了美国人们的信心，而且让大家在改变美国的过程中充满激情。

正是口号吸引着更多的选民，口号促使选民行动，最终把神圣的选票投给了奥巴马。

3. 善于利用传媒建立沟通——品牌沟通

如今的时代是网络时代，随之而来的是社会信息传播方式的改变。之前的金字塔传播方式已经被淘汰出局，信息传播已全面进入扁平化的网状模式之中。而奥巴马之所以能够在美国总统竞选中取得成功，与他巧妙地利用新媒体建立品牌有着非常密切的关系。

奥巴马之所以被誉为"互联网总统"，因为他的胜利不仅是品牌效应，更是互联网所带来的胜利。

作为总统候选人之一，奥巴马早已意识到互联网在品牌沟通中的巨大作用，所以在选举之前他就延揽了一大批互联网巨头，如 Google 的创始人之一的施密特、Facebook 的创始人扎克伯格等，这些人都成为他的智囊团。同时，奥巴马还使用各种招数来积攒人气，如网络短片、个人网站、电子邮件、电子游戏广告……

为了进一步加强与选民的品牌沟通，社交网站成了奥巴马的主战场之一。如此种种都成为奥巴马成功的必备手段。

4. 善于展示个人形象——广告

奥巴马之所以能够成功在于他的资历和经验。当年，希拉里和麦凯恩对奥巴马进行挑战就在于奥巴马没有什么经验。

然而，奥巴马并没有为此退缩，而是以自己的优势——年轻，来打这场战争。与其他人相比，他年轻、有活力，所以顺理成章地成为"新一代的选择"，最终入主白宫，成为一国之主。

另外，我们可以回想一下当时奥巴马选举的情形。奥巴马为了展现自己的年轻和活力，当时满大街的车贴、随处可见的 T 恤、海报，甚至超人版奥巴马、林肯版奥巴马、切·格瓦拉版奥巴马等都是最好的证明。

5. 明星代言和幽默亲民——广告技巧

要想影响消费者，不仅要有自己的品牌和广告，还要进行品牌营销，在这一点上，奥巴马就是一个高手。

从众多好莱坞一线明星出席奥巴马筹款宴会到滚石乐队以其形象作为唱片封面；从《欲望都市》中的女主角杰西卡·帕克在广告中的现身说法到汤姆·汉克斯为其连任竞选广告片配音；"电视女皇"奥普拉、好莱坞

"票房保障"威尔·史密斯，以及莱昂纳多·迪卡普里奥、朱迪·福斯特等这些好莱坞一线明星都是奥巴马的代言人。另外，乔布斯、扎克伯格等硅谷大佬、克林顿、肯尼迪家族等政界巨头也纷纷效力于奥巴马旗下。如此强大的明星阵容成为奥巴马成功的必要条件。

在选举过程中，有很多故事为大众所熟悉，如奥巴马做俯卧撑、奥巴马让儿童摸头、奥巴马在街头排队买汉堡、奥巴马在助理称体重时"动手动脚"、奥巴马在大雨中演讲、奥巴马在网上发照片证明自己的身份、奥巴马粉刷墙壁等，这些会让选民感觉总统就在我们身边，跟平常人没有任何区别。

那究竟奥巴马是如何做到这些的呢？他是如何让如此多且有分量的人物为他宣传的呢？他是如何与选民进行沟通的呢？

综上所述，奥巴马的成功得益于以下几个方面：从收集民意到公开表达自身的政策主张并持之以恒的坚持；提出鲜明个性的政治语言；利用传媒建立品牌沟通；巧借互联网展示个人形象；明星代言和幽默亲民。因此，他是众多营销人的榜样，值得大家好好学习。

第10章

社会营销观念——企业的
社会责任和新价值观

一、营销战略思想的提出和使用

1. 营销战略的定义

营销战略是企业在未来较长的一个发展时期内，根据自身所处的政治、经济、社会、技术等与营销相关的宏观环境、行业发展状况，以及企业自身的组织结构、文化特点、资源实力和整体发展战略，从战略层面对企业营销活动的发展目标、方向及实现的途径所做出的总体、长远的谋划。

2. 营销战略的特征

一般来说，市场营销战略的特征主要有全局性、长远性、方向性、应变性和阶段性。

（1）全局性。市场营销战略以企业的整个系统作为控制对象，研究系统的整体组织，规定企业的总体行动。

（2）长远性。任何一种战略都要着眼于未来，都是对未来的谋划和设计。市场营销战略是为企业谋求长远发展、长远利益，规划企业的营销思路和营销方向。

（3）方向性。市场营销战略是研究市场营销中本质性的问题，确定市场营销的性质与结构，解决企业营销中的主要矛盾，阐明企业经营的大方向和基本发展趋势。

（4）应变性。企业的经营活动就是把现有的各种资源用于不确定的未来。环境的复杂多变，必然使企业面临诸多风险，因而要尽可能使风险降到最低。市场营销战略应具有相对稳定性，同时，还应随时依据企业外部条件及内部条件的变化加以调整。

（5）阶段性。任何一种战略都必须具有时间概念，也只对其所对应的时期有效。

3. 营销战略在企业战略体系中的地位

任何成功的企业，其战略应该是一个体系，由总体战略辐射营销、财务、生产等职能战略，同时也由各职能战略形成对总体战略强有力的支撑。对于这个复杂的战略体系，营销战略是其中的核心组成部分。

营销战略引导其他职能战略。营销战略的核心地位决定了它对人力资源、财务、生产等其他职能战略起着引导作用。营销战略提出针对顾客需要满足的市场目标，然后生产战略根据这个目标规划如何提高产量和质量，人力资源战略则考虑如何通过人员招聘、培训、薪酬激励等保证市场目标的实现，最后财务战略为达成这一目标筹划资金来源和使用方式，并核算投入产出，提出是否需要调整目标等。

4. 营销战略的内容

市场营销战略可分为三个阶段：营销战略策划、营销计划制订和营销管理。

（1）营销战略策划。营销战略策划即是营销战略制订的过程，包括：公司经营定位，业务使命陈述；公司外部环境分析、内部环境分析；目标制订。

（2）营销计划制订。营销计划制订是将营销战略转化成具体可执行的营销方案，这需要在营销预算、营销组合和营销资源分配上做出基本决策。

（3）营销管理。营销管理是具体组织、执行、控制、评估营销计划的过程，并通过市场信息的反馈不断对营销计划和营销战略做调整，以便公司更有效地参与竞争。

二、企业不仅为了赚钱——卓越企业家
追求更高的价值目标

"战略"一词来源于希腊字母"strategos"，本意是指将军。当时，这个词的意义是指指挥军队的艺术和科学。随着人类社会的发展，战略应用的范围逐渐扩大，在不同领域又被赋予不同的内涵，如今在企业经营中运用这个词，就产生了企业战略。它是用来描述一个企业打算如何实现它的目标和使命，泛指重点的、带全局性或决定全局的谋划，即企业战略是确定企业长远的发展目标以及为实现此目标的任务（使命）与行动方案。

企业战略的概念来源于管理实践。不同的学者和企业高层领导由于自身的经历和认识不同，对企业战略给出了不同的概念。以下仅举两位学者的观点便于大家对企业战略概念的理解。

美国哈佛商学院教授安德鲁斯（K. Andrews）认为："企业战略是目标、意图或目的，以及为达到这些目的而制订的主要方针和计划的一种模式。这种模式界定企业正在从事的或者应该从事的经营业务，以及界定着企业所属的或者应该属于的经营类型。"安德鲁斯的企业战略的概念，从本质上分析，是想通过一种模式，把企业的目的、方针、政策和经营活动有机地结合起来，使企业形成自己的特殊战略属性与竞争优势，将不确定的环境更加明确化，以便比较容易地解决这些问题。

美国著名战略学家安索夫（I. Ansoff）对企业战略学的重要贡献是他的企业战略概念提出后，西方战略界将企业战略分成总体战略和经营战略。企业总体战略考虑的是企业应该选择进入何种类型的行业；经营战略考虑的则是企业一旦选定了某种类型的行业之后，确定应该如何在这一领域里进行与参与竞争。安索夫认为，战略关心企业外部胜于企业内部，特别是关系到企业生产的产品构成和销售市场，决定企业干什么事业以及是否要干。战略是贯穿于企业经营与生产和市场之间的一条"共同经营主线"，决定着企业从事的或者计划从事的经营业务的基本性质。这条"共同经营主线"应由四个要素构成：①产品与市场范围，是指企业所生产的产品和竞争所在的市场；②增加向量，是指企业计划对其产品和市场范围进行变动的方向；③竞争优势，是指那些可以使企业处于强有力竞争地位的产品和市场的特征；④协同作用，是指企业内部联合协作可以达到的效果，即"1＋1＞2"的现象。

1. 战略管理的概念及特点

企业战略管理的概念为企业确定其使命，根据企业内外部环境分析设定战略目标，为保证目标的正确落实和实现而进行谋划，并依靠企业的资源与能力把这种谋划付诸实施，对实施过程进行合理和有效控制的动态过程。

企业战略管理具有全局性、长远性、竞争性、效益性等特点，也是企业各级经理人从战略的高度所应具备的经营理念。

（1）全局性：企业战略管理是以企业整体系统为对象，根据企业整体发展需要而制订的企业战略。不仅表现在企业系统自身内部的全局，同时还要保持与系统外部国家的经济、技术、社会发展战略以及整个世界的经济、技术发展相适应。

从企业内部各个层面来看，企业战略应渗透到企业内部的各个环节。一个多元化企业的总体战略要考虑以下三个层次。

公司层战略（Corporate Strategy）：主要决定企业应当进入哪些领域，从事哪些战略业务单位和战略业务单位的组合，如何合理配置资源。

经营层战略（Business Strategy）：将总公司战略中规定的目标、方向和意图具体化，形成所选定的战略业务单位（产品事业部）更加明确的目标和与对手展开有效竞争的战略方案。

职能层战略（Functional strategy）：如何从各个职能角度来支撑经营层战略，从而提高企业的效率和效益。因此，营销战略只是企业战略的一个职能层面的战略。营销战略必须符合企业战略的需要。

（2）长远性：企业战略管理既是企业谋取长远发展要求的反映，又是企业对未来较长时期（一般为3~5年）内生存发展的通盘筹划。虽然它的制订是以企业外部条件和内部条件的当前情况为基础，并对企业当前市场经营活动有指导和限制作用，但这一切都是为了更长远的发展，是长远发展的起点。更主要的是，战略的制订还要预测企业内外环境的变化趋势。同时在实施中，在保证相对稳定的前提下，要根据实际内外环境的变化，作出适当的调整。

（3）竞争性：竞争是市场经济发展的强大动力，竞争使企业优胜劣汰。企业战略也是关于企业在激烈的竞争中，如何与竞争对手抗衡的行动纲领。因此，在决策的时间和时机方面，都要随时了解和面对竞争对手的挑战，考验企业决策者的抗争与应变的能力。企业战略的制订就是为了获取竞争优势而战胜竞争对手，使自己得以生存与发展。

（4）效益性：企业的主要任务是向消费者提供所需产品的同时还应获取利润。表现在企业战略的制订上，要在充分考虑经济效益的前提下对企业人、财、物、信息和时间等内外部资源进行统筹规划、优化配置。同时，局部利益服从全局利益，短期利益服从长远利益。

2. 战略管理过程

战略管理过程一般分为三个阶段，即战略分析、战略制订、战略实施和评估控制。

（1）战略分析。

战略分析是指对企业内、外部环境的状况作出分析，以有利于企业对环境变化作出比较准确的预测，是知己知彼的过程，是战略制订与选择的前提，也是战略实施条件的假设。企业外部环境包括宏观营销环境、除企业本身以外的微观营销环境和行业竞争环境（详见本书第二章）。企业内部环境包括企业的组织结构、技术水平、管理能力以及生产能力、营销能力和财务能力、各种资源状况等。通过环境分析，应该明确外部环境带来的机会与威胁，内部环境的优势与劣势所在，为制订利用机会、发挥优势、回避威胁、扬弃劣势的战略奠定有利基础。具体分析方法见本节企业SWOT 战略分析部分。

（2）战略制订。

战略制订主要包括以下几项工作。

①确定企业使命（Mission）。企业的使命是对企业存在意义的一般表述，包括企业哲学和企业宗旨。企业哲学是为企业将要经营其业务的方式规定的价值观、信念和指导原则。企业宗旨是决定企业去执行或打算执行的活动以及现在或期望的组织类型。

对企业使命的描述，一般应体现三个明显的特征：一是它们集中在有限的目标上；二是强调企业想要遵守的主要政策和价值观；三是应明确一个企业要参与的主要竞争范围。

②建立企业愿景（Vision）。愿景是对事业成功后景象的生动描述，即与使命保持一致的企业未来长期目标。长期目标具有前瞻性，规定企业执行其使命是所预期的成果。长期目标不能含糊与抽象，它是特定的、具体的和可以衡量的具体定性与定量的结果。如果企业要成功实现它的使命，就必须取得这些结果。

③战略方案优选决策。在企业环境分析、企业宗旨及长期目标确定的基础上，要确定适应企业环境、执行企业使命、实现长期目标的战略方案。首先要研究分析各种战略，组合几个可行的战略方案，并对可行战略方案进行全面评价。然后从中选择较为满意的方案作为执行的战略方案。战略方案应解决确定企业的经营范围和确定自己的竞争优势两个问题。

（3）战略实施和评估控制。

①战略实施。战略实施就是将企业战略转化为行动的过程。通过全面的战略分析，选择一个好的战略固然重要，但同样重要的是通过切实可行的步骤和方法将企业战略转化为具体可执行的行动。首先，战略实施需要一个实行计划体系作为手段。计划体系包括中期计划、年度计划、项目计

划和预算计划。其次，企业战略实施需要合理的组织结构和高效的组织工作作为保证。因此，要根据企业战略要求，调整企业的组织结构，做好与之相适应的人力资源安排，选择适当的营销、生产、财务与研发战略，以提高实施的效率。

②评估与控制。事实上，战略的评估与控制贯穿于战略管理的全过程。战略管理的每个阶段、每项工作都需评估与控制，包括三项内容：第一，重新审视分析企业外部条件与内部条件是否有变化，这是实现战略实施的基础；第二，度量各项工作的业绩、成果，并与目标对比，发现问题与偏差；第三，针对问题与偏差制订纠正措施，以保证战略顺利实施，达到预定目标，即要保证在战略的实施过程中战略目标、企业外部环境与内部环境三者的动态平衡。

3. 企业战略目标

要制订正确的企业战略，仅仅确定合适的企业使命还不够，还必须将企业使命、良好愿景与构想转化为战略目标。因为企业使命比较抽象，战略目标较为具体。

企业战略目标指的是企业对某一时间段内完成企业使命所要达到的一个最终的预期结果，即企业在什么时候完成什么任务。战略目标是企业战略的核心，它较为具体地表达了企业的经营哲学和宗旨，表达了企业未来某时间段内的具体期望、应获得的成果，不能含糊和抽象，是特定的、可以衡量的结果。如果企业要成功地实现它的使命，就必须取得这些成果。企业战略目标规定了企业生产经营活动的方向。而企业战略目标的制订首先要对企业的外部环境因素和内部条件作出充分的分析，就是通过对影响企业经营活动的各种内外因素和作用予以确定、评价，使企业的决策者能审时度势，适时地采取对策，并使目标与内外条件保持动态的平衡，增强企业的应变能力。

企业战略目标一般可以从以下四方面考虑：①赢利能力；②为顾客、委托人或其他对象服务；③员工的需要和福利；④社会责任。具体可以分为以下两种类型。

（1）经济性目标：显然是以提高经济效益为主要目的，即以较小的投入获得较大的产出。可用定量的产品方面的目标，如产量、品种数量、质量、增加值等；销售方面的目标，如销售量、销售额和市场占有率等；收益方面的目标，如成本、利润、投资收益率、销售利润率等；社会效益方面的目标，如环保方面的排放目标以及工作成效方面的目标，革新方面的目标等经济性指标来衡量。

（2）非经济性目标：可用形象、知名度、美誉度、信誉度等非经济性指标来衡量。非经济性目标是企业为获得经济性目标必不可少的保障条件。

各种目标之间具有相互联系、相互依存又相互矛盾的关系。例如，扩大市场的目的是增加利润，但利润率将受到限制。有时为了长远和全局的利益，不得不牺牲一些暂时的和局部的利益。因此，企业往往是根据相互联系又相互矛盾的多元目标进行决策。

企业目标可以分为愿景、战略目标、战术目标和作业目标四个层次，可见企业战略目标位于较高层次。企业战略目标分解落实到各职能部门。

三、社会营销道德观

1. 市场营销道德问题的提出

随着商品经济的不断发展和企业营销活动的日益推进，企业不仅为社会及广大消费者提供日益丰富的产品，而且为国家的经济和社会发展作出了巨大贡献。然而，随之也出现一些问题，那就是有些企业为了自己的狭隘利益，不顾法律和道德问题，做出一些违反法律及营销道德标准的行为，诸如在市场上销售的"一日鞋"，销售使消费者致命的假酒假药，销售毁坏消费者脸部的化妆品，销售使农民颗粒无收的种子；采用卑劣的手段牟取暴利大宰顾客，如几十元成本的服装按千元以上价格出售；诱惑和强迫消费者做出错误的购买决策等。所以，为了使消费者的权益得到保护，在市场经营活动中要求企业必须遵循法律及营销道德，否则就要受到相应的制裁。

从 20 世纪 60 年代起，西方国家开始对市场营销道德进行研究，到 20 世纪 80 年代，市场营销道德已经成为学术界研究的热门课题之一。在 1987 年，美国证券交易委员会前主任约翰·夏德捐资 2300 万美元在哈佛大学商学院建立起目前全球最大的企业伦理问题研究中心，这个研究中心的研究重点是企业营销道德。随后其他一些国家也开始投入到市场营销道德的研究行列中来，如英国、法国、意大利、德国、日本……关于营销道德标准，很多学者著书立说。总之，关于营销道德方面的活动非常多。

2. 市场营销道德的内涵

道德是评价某决定和行为正确与否的价值判断，同时评价某决定和行为是否被大众所接受。市场营销道德则指消费者对企业营销决策的价值判断，也就是判断企业营销活动是否符合广大消费者及社会的利益，能否给广大消费者及社会带来最大的幸福。这与企业经营活动的价值取向有着非常密切的关系，同时，这还要求企业以道德标准来规范其经营行为及履行社会责任。

如今，最基本的道德标准已被规定为法律和法规，而且成为社会遵循的规范，所有进行营销的企业必须遵守这些法律和法规。营销道德不仅指法律范畴，还包括未纳入法律范畴而作为判断营销活动正确与否的道德标准。这两种道德规范是企业经营者必须同时遵循的。

西方国家伦理学家提出了判断营销道德的两大理论，也就是功利论和道义论。功利论主要以行为后果来判断行为的道德合理性。例如企业的某种行为有利于多数人的幸福，那么这种行为就是符合道德规范的，反之就是不道德的。道义论则从处理事物的动机来审查是否具有道德，而不是从行动的后果来判断，并且从直觉和经验中归纳出某些人们应当遵守的道德责任和义务，以这些义务履行与否来判断行为的道德性。在现实生活中，当人们要对企业的营销道德进行评判的时候需要将功利论与道义论相结合。

3. 市场营销道德问题在企业营销活动中的体现

市场营销调研是企业营销活动的开始，通过市场营销调研，企业可以了解现实和潜在顾客的需求，发现市场营销机会，然后选择目标市场，针对目标市场需求特点，制订市场营销组合策略。在企业营销活动的整个过程中，市场营销道德都伴随其中。

企业营销活动中道德问题的产生是有很多原因的，如经营者个人道德哲学观同企业营销战略、策略、组织环境的矛盾引起的；由于经营者为实现赢利目标同消费者要求获取安全可靠的产品、合理价格、真实广告信息之间的矛盾引起；由于企业领导者错误的价值取向迫使经营者违背道德经营；有意将伪劣产品推向市场等。

（1）产品策略中的道德问题。

企业在生产过程中应遵守道德问题，其目标就是为广大消费者提供货真价实的优质产品及优质服务。如果没有达到这个目标，那么企业就违背了营销道德。但是，在很多企业发展过程中所制订的策略与道德标准有很大不同，甚至是朝相反的方向发展。如果从功利论与道义论相结合的观点来看，产品策略违背营销道德主要表现在以下几个方面：从企业设计生产产品的动机来看，主要看企业是否存心欺骗顾客，将假冒伪劣产品充当真货好货出售给消费者；与动机相联系的是看企业在手段上是否操纵消费者的需要，过度刺激消费者的欲望，并使社会经济成本增加；如果从后果来看，主要是关注消费者向企业所购买的产品能否给自己带来最大的幸福。如果从企业应承担的社会责任来看，企业是否遵守营销道德主要体现在以下几个方面：企业在产品的生产过程中，对广大职工的工作条件及工作时间能否作出恰当及合理安排，能否保证职工的人身安全及身心健康；企业在生产产品的过程中，是否造成环境污染及危及附近居民的正常生活；产品的包装及标签是否提供真实的商品信息，产品包装是否过多而造成社会资源的浪费及环境的污染。

（2）价格策略中的道德问题。

要想让企业履行社会责任，需要使其为广大用户提供真实及合理的价格以及真实的价格信息。但是，在现实的企业运作过程中，很多企业都是违背价格道德的。如果从功利论与道义论二者相结合的观点考察有：从动机看，企业为牟取暴利而欺骗顾客；为了压垮竞争对手而实行差异性歧视价格或实行垄断价格。与动机相联系，在手段上采取欺骗、诱惑及强制方法迫使顾客购买产品。从后果看，顾客购买产品后造成严重的经济损失。如果从企业应承担的社会责任看有：企业未按照价值规律进行公平交易，损害了企业及消费者的合法权益。企业未能为用户提供真实价格信息，对消费者的购买抉择非常不利。

（3）分销策略中的道德问题。

分销是指产品从生产者向消费者转移所经过的路线。直销则是产品由生产者直接销售给消费者。直销涉及的是生产者与消费者的购销关系。如果产品由生产者通过中间商销售给消费者，那么这属于间接渠道。间接渠道涉及生产者、中间商、消费者间的购销关系。在选择销售渠道的时候，各渠道成员都根据各自的利益和条件相互选择，并以合约形式规定双方的权利和义务。如果违背合约有关规定，损害任何一方的利益，都会产生道德问题。例如，当合约中规定零售商只能销售一个企业的产品时，而零售商觉得其他产品比较好销售，然后就捎带着销售其他商品，必然违背了合约问题。此时就会产生营销道德问题。

（4）促销策略中的道德问题。

促销是指通过人员推销或非人员推销的方式，将商品及企业本身的信息传递给广大顾客，引起他们的兴趣及购买行为。将产品及企业自身的真实信息传递给广大用户是企业的责任。然而，在信息沟通过程中，道德问题是随之产生的，如虚假和误导性广告，操纵或欺骗性销售战术或宣传报道。

（5）市场营销调研中的道德问题。

市场营销调研是指运用科学的方法，有目的、有计划、有步骤、系统地收集、记录、整理和分析有关市场营销方面的各种情况和发展趋势，为企业制订经营决策提供科学的依据。市场营销调研往往涉及包括调研人员同委托者、调研人员同受访者和委托者同调研人员在内的三方面的关系。在这三方面的关系中，各方都承担一定的权利与义务，只有履行彼此间的道德责任，才能保证调研过程真实而可靠。

四、营销的生态与社会性思考

1. 环保营销的兴起

随着不可再生能源的开采峰值已经成为过去，不仅可利用的水资源日益减少，而且森林也越来越少，以至于其对温室气体没有了什么抵抗力，有毒废料与物质的分布直接危及到人们的安全，气候与生态变化直接导致病毒与细菌的进化发生重大的变化，很多地方因为温室效应造成的海平面上升而面临无家可归的局面，随之产生的是消费者心理的变化。当消费者的心理有所波动的时候，他们的生活方式与对应产品的需求也会有非常明显的变动。具体来说，正是在消费者的环境恐惧心理与生活质量要求的双重作用下的环境安全心理与环境责任要求，导致当消费者在购买商品的时候都会考虑环保技术含量。

在国外，环保营销已经渗入到包括快速消费品、服装工业及汽车业等重要行业中，虽然还没有大范围开展起来，但其前景是非常好的。就消费品行业来说，当提到"环保"的时候，人们最先想到的是 The Body Shop，或许这个英国品牌不是最早打出环保牌的，然而人们对它的印象却最为深刻，这与它的信念有关——反对动物实验、支持社区公平交易、唤醒自觉意识、捍卫人权和保护地球。在这种环保理念的指导下，The Body Shop 所有产品全部采取植物提取成分，不用动物实验，包装也尽可能采取可回收或可分解材料制造，正因为它的独特，才使众多的消费者更加信赖它。

2. 我国环保营销的现状及问题

到目前为止，人们已经认识到环保的重要性，所以各种环保产品的广告也布满了大街小巷，它所涉及的行业有很多，如食品、医药、家电、汽车、化工、石油等。因此，环保已经成为企业占领市场的重要手段。然而对于企业来说，环保营销只是对于市场的一种应激反应，并不是一种成熟的营销手段。关于环保营销的理论和方法，学术界并没有相关的论述。通过长期的市场研究，我们发现国内环保营销的现状可以概括为以下几点。

（1）企业行为出于应激反应，而非理性选择。

在国内，很多企业之所以追捧环保与以下几个方面有着密切的关系，如赢得消费者，寻求市场突破点，大打环保牌，而产品本身并没有真正的环保功能，有很大的夸大成分；在一些特殊的行业，如石油、化工等企业，为了获得国家的政策支持，同时为了适应市场的变化，需要加强对外的公关宣传，而同时赢得政府和消费者的最大策略就是环保。这两种情况称之为"虚假环保营销"和"特殊行业的环保营销"。当然，在这些环保营销中的确有行业是以真正环保为企业发展理念的，而且为其发展投入了很多。然而，这种企业的数量是非常少的。

（2）国内缺乏相关的理论研究，企业缺乏理论指导。

就国内来说，"环保消费"理论在国内还属于空白地带。关于这一方面，很多企业处于盲目状态，对于环保营销的意义和核心没有什么了解，他们对环保营销的价值也不明白。

当处于迷惑状态的时候，企业就开始怀疑环保营销的必要性，最终阻碍了整个环保营销的发展。

（3）职能部门监管不到位，环保营销遭遇信任危机。

如今，国内市场对于环保营销的监管状态是缺失，而企业的市场行为缺少必要的行政监管，如工商和质监部门对于企业的环保产品的审批和检测不到位，缺少应有的制度保障。如果这种情况一直持续下去，环保营销将遭遇信任危机，不仅危害消费者的利益，更重要的是它会危害企业自身的利益，影响经济发展的大局。

第*11*章

服务营销——挑战传统营销

一、服务营销开拓出服务这一新的竞争领域

在当代经济生活中，经济发达国家里，服务业在国民经济中占有很大比例。在美国、加拿大、日本和英国，70% 的就业人员是在服务业任职。在经济发达的国家，服务业的产值占其国民生产总值的一半以上。我国自从改革开放以来，服务业也有了很大的发展，从 1980 年到 1994 年服务业的产值以平均每年 12% 的速度增长，到 1994 年，我国服务业的产值已经达到了国民生产总值的 30% 以上。因此，将服务营销作为单独一章来讨论是非常必要的。

那么究竟什么是"服务"呢？

1. 服务的定义

"服务"在古代意为侍奉。以后，随着时代的发展，"服务"不断有新的含义。在近代，"服务"已成为整个社会不可或缺的人际关系基础。

菲利普·科特勒认为："服务是一方能够向另一方提供的基本上是无形的任何活动或利益，并且不导致任何所有权的产生。它的产生可能与某种有形产品联系在一起，也可能无关联。"佩恩则认为："服务是一种涉及某些无形性因素的活动，它包括与顾客或他们拥有财产的相互活动，它不会造成所有权的变更。条件可能发生变化，服务产出可能或不可能与物质产品紧密相连。"

归纳上述定义，它们包含以下要点：①服务提供的基本上是无形的活动，如看电影、听音乐、接受培训等，有时也与有形产品联系在一起，如电梯、汽车的保养和维修等；②服务提供的是产品的使用权，并不涉及所有权的转移，如自动洗衣店等；③顾客购买服务是为了满足需求，获得利益，这与购买物质产品是相同的。

在市场营销学中为服务所下的定义是这样的：服务是一方能够提供给另一方的，基本上是无形的任何功效或利益，并且不导致任何所有权的产生。它的生产可能与某种有形产品密切联系在一起，也可能毫无联系。

1988 年美国市场营销学会将服务定义为，服务是指诸如银行贷款或家庭保安之类的操作活动。这种完全无形或基本无形的产品可直接从服务的提供者转换给服务的购买者，它不需要被运输和储藏，因此具有极大的消失性。由于服务的购买与消费是同时进行的，所以很难对其进行鉴定。服务是由许多不可分割的无形成分组成的，在许多重要的方面涉及顾客的参与，因此不能产生有产权性质的交易，不具有所有权。

总之，实物产品的销售是一种物的销售，而服务的销售则是一种活动的销售。

2. 服务的特点

服务作为一种特殊的产品，有自己的特点。深入地研究这些特点，正是我们能做好服务营销工作的前提。总的来说，服务产品有以下几个特点。

（1）无形性。

服务是一种不能预先用感觉器官直接感触到的特殊消费。当你买一种实物产品时，你可以事先用自己的感官来评价该产品的质量和价值。比如，当你购买一辆轿车时，你可以通过眼睛审视车的外形设计，驾车以试其性能，并按照它的质量来判断其价格是否合理。与此相反，如果你乘火车去旅行，在你上车之前，除了一张购买的车票外，你不能感受到任何东西，也不能预先判断旅行价格是否合理。

服务的无形性对服务的营销有重要的影响。与有形产品不同，服务没有独立存在的实物形式，企业很难通过陈列、展示等方式激发顾客的购买欲望或方便顾客检查、比较、估价。对购买者而言，服务是抽象的、无法预知购买效用的，因此，服务的购买过程带有很强的不确定性。这就使服务产品的销售显得比较困难。

为了降低不确定性，购买者要求有服务质量标准。地点、人员、设备、沟通材料、价格等可看得到的东西都可以作为标准来为质量下结论。因此，服务提供者的任务在于采取某些方法使服务可触摸。一般而言，有形产品营销者为其有形的产品增加无形性，而服务营销者则应为其无形的产品增加可感知性。

（2）生产与消费的不可分性。

实物商品的生产、流通和消费在时间上是有间隔的，从生产到最终消费往往要经过一系列的中间环节。在服务业市场上，生产者和顾客直接发生作用，生产产品的过程同时也是消费产品的过程，两者在时间上和空间上不可分割。而且，消费者必须直接参与到生产过程中来。当然，有些服务的生产和消费在空间上可能分享，比如饮食的服务，但任何一个饭馆都要根据顾客的要求供应饭菜。因此，这类服务的生产和消费依然可以看成是同时发生的。

服务产品的不可分性对服务产品营销的影响主要表现在三个方面。第一，服务的生产者与顾客在服务的生产过程中互相影响，对服务质量的好坏共同起作用，顾客本身的知识兴趣、态度直接影响服务的效果；第二，服务购买者对服务提供者本身是有选择和偏爱的，当众多购买者对同一服务提供者产生偏爱时，会造成供不应求的状况，通常企业很难很快改变这种状况；第三，服务的生产与消费必须同时同地进行，因此，服务企业通常不可能在许多市场上同时出售自己的产品，这就在一定程度上限制了服务市场的规模。

克服该限制的方法也有好几种。比如，服务的提供者可以设法同时为更多的顾客提供服务。另外，服务机构本身也可以训练出更多合格的服务人员，并使顾客对他们有信心。

（3）不稳定性。

实物产品要求一致性，厂商生产的实物产品，必须通过统一的设计标准和各种设备来监测产品的质量，使产品的质量具有一致性。但是，服务却无法统一设计，其质量完全取决于提供服务的具体人员。服务人员的气质、修养、能力和水平各不相同，服务的质量也就会因人而异。即使是同一个人提供服务，其服务的质量也很难保持一致。一个人在体力心情都很好的情况下，可能会提供质量较高的服务，否则，服务质量则可能下降。

服务质量的不稳定性，为服务产品的营销工作带来很大的困难，特别是使服务企业难以建立稳定的顾客群。因为，质量的不稳定，会使顾客的忠诚度减弱，因而，对服务企业而言，质量控制意义重大。

服务机构本身若要维持服务质量，也可以采取几种措施。

①制订一个有效的人员选拔和培训方案。航空公司、银行、旅馆都花了不少钱训练其人员以提供一致而亲切的服务。

②通过寻访投诉制度、顾客调查、比较性购买等，监控顾客的满意程度，以便发现与纠正服务的不足之处。

③服务人员须随处可见并且要对顾客负责。

④通过提供员工奖励来强调质量。

（4）不可存储性。

实物产品在生产出来之后，若不能很快销售出去，可以将其储存起来，而服务产品本身不能储存，一旦投入生产，就必须同时被销售或消费，否则，便会给企业带来经济损失。

服务公司可使用若干种策略产生较好的供给与需求搭配。

供给方面的策略为：

①高峰时间可以采取更有效率的处理方式；

②雇用兼职员工来应付高峰时间的需要；

③引进较具扩展潜力的设施；

④扩大顾客参与程度；

⑤发展联合服务。

需求方面的策略为：

①"辅助性的服务"可以在高峰时间为等候的顾客提供另外的服务来源；

②"差别定价"可以将部分高峰时间的需要转移至非高峰时间；

③"预订制度"可以预先出售服务，故能估计出需求的大小；

④开发非高峰时间的需要；

⑤引进较具扩展潜力的设施；

⑥扩大顾客参与程度。

3. 服务营销与产品营销的差异

传统营销理论主要是以物质产品为交换对象来研究的，由于服务这种特殊的"产品"具有无形性、生产与消费的不可分性、不稳定性和不可存储性等特征，决定了服务营销在本质上不同于产品的营销，这些差异表现在以下几个方面。

（1）产品的特点不同。如果说有形产品是一种物品或一样东西的话，服务则表现为一种行为、努力或绩效。

（2）顾客对生产过程的参与。由于顾客直接参与到服务的生产过程中，所以如何管理顾客也是服务营销管理的重要内容。

（3）人是产品的一部分。服务的过程是顾客与服务提供者接触的过程，服务绩效的好坏不仅取决于服务者的素质，也与顾客的行为密切相关。

（4）质量控制难度加大。由于人是服务的一部分，服务的质量很难像有形产品那样用统一的标准来衡量，因而服务的缺陷或不足不易被发现和改进。

（5）产品无法储存。由于服务的无形性以及生产与消费的同时进行，使得服务不能储存，服务提供者必须采取适当的策略以有效地处理服务供求的矛盾。

（6）时间因素的重要性。正因为服务提供者向顾客面对面地提供服务，所以服务的供应就必须及时、快捷，以缩短顾客等候服务的时间。

（7）分销渠道不同。生产经营企业通过物流渠道把产品从工厂运送到顾客手里，而服务的无形性决定了服务型企业要采取其他渠道（如广播、电视、互联网等），把生产、零售和消费的地点连在一起来提供顾客需要的服务，并借助于某些中介来销售服务产品。

认识服务营销与产品营销的差异有利于正确制订和运用营销策略。实践表明，产品与服务营销相比有很大区别。服务型企业照搬产品营销的策略是行不通的，而生产型企业开展服务业务也同样不宜沿用过去产品营销的办法。

二、服务市场营销的特征

服务产品自身的特点决定了服务产品的市场营销有着不同于实物产品市场营销的特点。这些特点对服务市场营销的出发点和归宿都产生重要的影响。了解服务市场营销的特点，才能够做到扬其所长、避其所短，有的放矢，立于不败。

1. 促销困难

工农业实物商品可以被陈列、展销，以便于消费者进行比较、挑选，但大多数服务产品没有自己独立存在的实物形式，难以展示，也很难给出标准的服务样品或利用通常的推销方法；消费者在购买服务产品之前一般不能进行检查、比较和评价，只能凭借经验、品牌和推销宣传信息来选购。因此，要想吸引消费者，只能靠富有想象力和创造力的推销方法和行之有效的广告宣传，充分激发消费者对服务产品功能、效用的想象、共鸣和需求；靠良好的商品信誉和较高的企业知名度推销商品，招揽顾客。此外，由于服务产品的无形性，也无法利用专利权来保护服务产品。

2. 销售方式单一

服务产品和服务业本身的特点决定了服务市场有着不同于实物商品市场的一些特点。这些特点是服务市场营销的出发点——营销策划和管理必须充分认识服务市场对营销的影响，才能做到有的放矢；也是服务市场营销归宿——营销手段和策略必须全面实现扬市场之长、避市场之短，才能做到事半功倍。

工农业实物商品通常要经过一个或若干个中间商的转卖，最后到达消费者手中。而服务商品的生产和消费在时间和空间上的同一性决定了它们通常只能采取直接销售的方式——既不能通过中间商间接销售，也不能储存等待销售。直接销售的方式使服务产品的生产者个体不可能同时在许多市场上出售自己的产品，在一定程度上限制了服务业市场的规模和范围，为服务产品的推销带来了一定的困难。

3. 供给分散

服务业销售方式的单一性决定了企业、社会团体和个人对服务产品的供给具有分散性。而且，由于一般服务业具有占地小、资金少、经营灵活等特点，也使服务的提供可能分散在社会的各个角落。服务供给的分散性，要求服务网点要广泛而分散，尽可能地接近消费者。

4. 购买者复杂多变

在工农业实物商品市场上，购买者相对简单。但在服务业市场上，购买者是多元的。某一种服务产品的购买者可能包括社会上各行各业的人；他们购买同一服务商品的目的也不同，既有用于生活消费的，又有用于生产消费的，如邮电通信、交通运输等。另外，服务市场的销售对象也是多变的。受各种各样因素的影响，不同的购买者对服务产品需求的种类、内容、方式经常变化。相对来说，在服务市场上，销售对象的变化较之其他实物商品市场要显著和复杂得多。

5. 价格难以控制

一般说来，人类对工农业实物产品的需求大多是为了满足基本生活的需要。这是一种较低层次上的原发性需求，需求弹性一般较小，弹性系数大都小于 1。但是，人类对于服务产品的需求却是随着经济的发展、收入水平的提高以及生产的专业化、效率的提高而增加的。这是一种较高层次上的继发性需求，需求弹性较大，弹性系数大都大于 1，受价格波动的影响比较大，难以控制。由于服务商品不可储存，要调节服务供给与需求之间的矛盾是很困难的。

6. 对营销人员要求高

各种服务产品均要求有特定的提供方式和技术要求。所以，服务产品绝不是任何人都可以提供的。服务业的技能、技术不属于社会共有，也无法物化到机械设备中去，只能独立存在于生产者身上，这使得服务产品的质量很难控制，这与工农业的实物商品有很大的不同。而消费者对服务产品的质量要求高，既要求生产者提供稳定又高标准的服务。这两者的矛盾就使"服务质量管理策略"成为服务营销中的又一难题。所以，对服务产品的营销人员来讲，既要求有一定的技术水平，又要求有很高的服务艺术与技巧。

三、服务营销研究是 21 世纪的
重要研究内容

服务营销学于 20 世纪 60 年代兴起于西方营销学界。1974 年，约翰·拉斯摩（John Rathmall）所著的第一本论述服务营销的专著面世，标志着服务营销学的产生。以克里斯蒂安·格罗鲁斯和詹姆斯·赫斯克特为代表的北欧学派（Nordic School）和以帕拉苏拉曼、泽斯梅尔、贝利（Parastl-raman、Zeithaml、Berry，习称 PZB）为代表的北美学派对该学科的发展起了巨大的推进作用，他们的服务质量理论及服务营销管理理论已成为服务营销学的重要理论支柱。

进入 21 世纪，服务营销已成为营销学界瞩目的焦点。在中国，随着第三产业的发展以及市场竞争中价格竞争与质量竞争的弱化，服务竞争已逐渐受到企业的重视，成为中国企业市场竞争的焦点。企业营销及市场竞争急需服务营销学作为行动指导，国外服务营销理论的日趋成熟也对我国的营销学发展产生了重要影响。服务营销学的广泛传播将是21世纪我国营销学发展的亮点。

我国学术界对服务营销的探讨始于20世纪90年代，并于1996年出版了国内第一本服务营销教材《服务营销》（李海洋、牛海鹏编著）。进入21世纪，国内很多学者在《南开管理评论》《企业管理》《管理评论》等核心期刊上发表了相关理论的研究成果。

除了前面提及的服务质量和服务补救两大方面的研究以外，国内研究者还关注于服务品牌、服务公平、服务便利等服务营销的前沿性问题。但不可否认的是，国内的理论研究尚缺乏操作性和更广泛的实用性，因此如何将国内外较为成熟的研究成果运用到实践中去，建立起一套适用于中国服务业的服务营销方法是国内研究者和企业界人士应该共同关注的迫切问题。

通过对服务营销学在21世纪发展的评述，可以预见，未来的服务营销研究可能主要集中于以下三个方面。

（1）思考原有经验和理论依据在实践中的有效性，对服务理论进行创新和发展。

（2）从其他相关学科的角度研究服务营销问题，21世纪的服务营销研究会更加倾向于跨学科的融合。

（3）在大量实践的基础上，在定量领域全面深入地构建一个规范的服务营销理论体系。

任何理论都是因为实践的需要而产生并逐渐成熟，服务营销理论的诞生和发展也是在实践的推动下不断探索的结果，其间充满了争论和曲折。与制造业相比，服务业的迅速发展还是近几十年的事，相关理论落后于制造业也是必然的。目前，我国已经有越来越多的学者将目光投向这一领域，相信服务营销理论的成熟必定会推动我国服务管理实践的纵深发展。

第12章

20 世纪 80 年代的 "顾客满意度"

一、顾客满意的内涵

从 20 世纪 50 年代开始，顾客满意的思想和观念就为世人所关注。学者们对顾客满意的认识大多围绕着 "期望——差异" 范式。然而，顾客期望形成了一个可以对产品、服务进行比较、判断的参照点就是这一范式的基本内容。

在 1981 年，Oliver 和 Linda 认为顾客满意是 "一种心理状态，顾客根据消费经验所形成的期望与消费经历一致时而产生的一种情态"。在 1988 年，Tse 和 Wilton 认为顾客满意是顾客在购买行为发生前对产品所形成的期望质量与消费后所感知的质量之间所存在差异的评价。菲利普·科特勒认为，顾客满意 "是指一个人通过对一个产品的可感知效果与他的期望值相比较后，所形成的愉悦或失望的感觉状态"。亨利·阿塞尔也认为，如果商品的实际消费效果达到消费者的预期的时候，消费者是比较满意的；

如果没有达到预期，那么消费者就会不满意。

我们这里所理解的消费者满意是指一种心理活动状态，它是顾客通过将一个产品的可感知效果与他的期望值相比较后所形成的感觉状态。简言之，就是在消费之后，心里是否感觉很舒服。

如果仅仅是从消费者满意的字面含义上来看，满意水平是可感知效果或测量分析后效果和期望值之间的差异函数。如果效果低于期望，顾客就会不满意；如果效果与期望相匹配，顾客就满意；如果效果超过期望，顾客就会非常满意，这样就达到了提高满意度的效果。一般来说，顾客满意是顾客对企业和员工提供的产品和服务的直接性综合评价，是顾客对企业、产品、服务和员工的认可，在企业内部也可认为是下个过程对上个过程的评价认可。

综上所述，我们可以归纳出顾客满意的五个特性：①主观性，由于顾客的满意程度是基于其对产品和服务的体验，所以其感受对象是客观的，而结论带有很大的主观性。顾客满意的程度不仅与顾客的自身条件有着密切的关系，同时与媒体新闻也有着密切的联系。②层次性，所谓层次性是指处于不同层次需求的人对产品和服务的评价标准不同，最终使得不同的人对同一个商品有着不同的评价。③相对性，由于顾客对产品的技术指标和成本等经济指标不熟悉，所以在购买商品的时候他们习惯与其他同类商品或者是之前的购买经验进行比较，最终做出选择。所以，得到的满意或不满意有相对性。④阶段性，任何产品都具有生命周期，而服务也有时间性，所以顾客对产品和服务的满意程度来自于过程的使用体验，是在过去多次购买和提供的服务中逐渐形成的，因而呈现出阶段性。⑤社会性，所谓社会性就是在评价顾客满意的过程中应当以顾客总体作为出发点，当个体满意与总体满意发生冲突时，个体满意应服从整体满意。

通过分析，我们可以得知：顾客满意包括三个层次，即产品满意、服务满意和社会满意。

产品满意是指企业产品带给顾客的满足状态，包括产品的内在质量、价格、设计、包装、时效等方面的满意。产品满意是顾客满意的基础因素。

服务满意是指产品售前、售中、售后以及产品生命周期的不同阶段采取的服务措施令顾客满意。企业在制造商品的每一个环节中都应当设身处地地为顾客着想，为其提供最好的服务，只有这样才能提高满意度。

社会满意是指顾客在对企业产品和服务的消费过程中所体验到的对社会利益的维护，主要指顾客整体社会满意，这对于社会文明进步是非常重要的，有利于社会安定团结。

二、追求卓越的公司必须从顾客需求出发

顾客是整个营销过程的中心，公司的营销目标就是建立营利性的客户关系。为此，首先需要通过市场细分、目标市场选择和市场定位，识别最有利的目标顾客和市场机会，并对公司业务进行规划和定位；其次是设计并执行有效的营销组合，为此就要进行营销分析、营销计划、营销执行和营销控制等。

1. 分析源于顾客需求的市场机会

市场机会是企业营销获得成功的根本。为了在竞争激烈的市场上取胜，公司必须以顾客为中心，通过创造并传递更高的价值来保持和发展顾客。因此，在制订和实施营销战略之前，公司先要了解消费者的需求和欲望，进行可靠和谨慎的顾客需求及市场机会分析。

为了发现、识别和开发各种有利的市场机会，公司需要分析外部环境，包括宏观环境和微观环境，了解消费者和组织购买者的购买行为规律，并通过市场细分来选择相对有价值的目标市场，并在该市场上开展营销，建立有足够规模的营利性的客户关系。

从营销战略建立和执行、评价的整体过程上看，市场细分、目标市场选择和市场定位，也是一个企业开发、识别、选择和有效满足市场机会的过程。市场细分是公司与营销者通过分割、识别顾客需求和市场机会，深刻了解并理解差异化的顾客群体的基本方法；目标市场选择是公司及营销

者进一步筛选相对最有利的市场机会及目标顾客群体，设计能有效满足需求的业务组合，并为创建营利性客户关系奠定基础的过程；而市场定位则是通过业务组合的差异化，使营销提供物能更有效地赢得目标顾客的满足和满意，即将市场机会转化为公司赢利的差异化设计过程。

2. 制订基于营利性客户关系的营销战略

（1）市场导向的营销战略。

营销战略（Marketing Strategy）是指公司通过选择目标市场、定位和设计营销组合、管理营销努力等具体战略的规划与执行，实现营销目标的管理过程。

营销战略可以是偏重产品导向的，例如英特尔的"Inside双核无限可能"；也可以是竞争导向的，例如格兰仕的低价"撒手锏"客观上起到了某种清理行业门户的作用；还可以是市场导向的，一些企业的市场导向常常还停留在宣传性、不彻底或仅仅在产品销售困难时承认顾客的中心地位。本章后附的《顾客价值营销战略案例：联想家用电脑的"双蓝海战略"》，间接反映了许多在所谓"红海战略"中苦苦挣扎的企业，正在开始转向"蓝海战略"的尝试，即选择有更多顾客导向的价值营销战略。

市场导向营销战略的本质，是将公司的战略发展及目标实现建立在以营利性客户关系基础之上。为此，公司首先要识别和细分顾客需求，评价和筛选顾客需求；其次要识别和认真了解公司业务的主要竞争对手，结合公司在资源与能力上的比较优势，确定最有利的目标市场并为其设计能比竞争者更有效地创造、传递顾客价值的营销组合；最后是通过市场导向公司战略与营销战略的制订与执行，以创造顾客价值和顾客满意为目标，建立和发展适度规模的盈利性客户关系为中心，协调、整合和优化公司内部及外部资源。

（2）营销战略在公司战略中的地位。

营销在公司战略管理中起着关键性的作用，这主要表现在以下几个方面：首先，营销提供了一个统一的指导性理念——市场导向或顾客价值理念，这意味着公司战略应该以与目标顾客建立盈利性的客户关系为中心进行构建。其次，营销通过市场调研、细分和目标市场选择等，帮助公司识别最有吸引力的市场机会并评估公司利用的潜力与方案，为公司战略的制订提供有价值的依据和数据。最后，无论在公司层面、业务单位层面或部门职能层面，营销都要为这些层次业务发展及目标实现制订框架式或详细的战略。公司赢利归根到底来源于对顾客需求的满足，而营销战略则是设计和优化公司客户关系的关键性工具。

3. 以客户关系为中心设计营销组合

营销组合是包括产品、价格、渠道、促销等在内的营销工具的组合设计和运用。

营销组合的设计和实施，同样也可以是偏重产品导向、成本导向或者市场导向的。因此，4Cs 组合（即顾客问题解决、顾客成本、顾客便利及顾客传播），为在 4Ps 组合中市场导向贯彻的明晰化和系统建立提供了很好的建议和补充。

在公司使命、公司战略或营销战略的计划中主张市场导向，倡导顾客价值与顾客满意相对来说比较容易。而在营销组合中真正贯彻市场导向则要困难许多。这是因为所谓的营销组合，包括产品、定价、渠道和各种促销工具，既是公司影响消费者购买行为的直接甚至全部手段，也是公司顾客通过成千上万或数十万与公司相关的人员、机构，和在千差万别的环境中，去接触、感受、体验和评价一个公司的市场导向，及其提供价值的真伪、优劣的主要体验和信息来源。顾客要求价值和满意，公司希望赢利的真正利益冲突也将在这里展开。要让如此之多的机构和营销工具协同提供优质顾客价值的确很难，市场导向的营销战略只有通过市场导向的营销组合才能实现。在营销组合中贯彻市场导向是一个需要通过持续努力逐步加以解决的难题。

营销组合中的产品，是公司向目标市场顾客提供的全部产品或服务组合，从顾客方面看则是顾客需求的满足或其面临问题的解决方案。营销组合中的价格只是消费者为获得产品而支付的现金，而从顾客方面看，它只是顾客付出成本的一部分甚至是一小部分。营销组合中的渠道包括了公司为使顾客能接触或购买产品而进行的各种活动，从顾客观点看，他们需要的则是寻找与接触的容易、获得的便利。营销组合中的促销包括了公司传播其产品的优点并说服目标顾客购买而进行的各种活动，而从顾客的观点看，他们要求的是在他们需要的时间、喜欢的场景，以让他们愉悦的媒介及方式，为其提供最需要的需求满足信息。

由此可见，在理论上提倡市场导向是相对简单和容易的，而要在营销组合中真正贯彻市场导向则要复杂得多、困难得多，即使是公司高层管理者、公司战略和营销战略强烈倡导市场导向，也可能因为管理层次、信息传递机制、员工理解、激励机制、员工及相关利益群体的不满，导致市场导向在营销组合中不能被完全贯彻或大打折扣。

然而，越来越多的公司、组织和个人在越来越大的程度上提倡和努力身体力行的实践经验，还有许多公司从主张市场导向中得到持续的丰厚回报的事实，都能说明坚持市场导向是值得今天的营销者和管理者们为之持续努力的。

4. 以顾客满意为目标管理营销努力

营销努力是对公司及其员工为建立和发展客户关系全部付出的总称。管理营销努力的目的就是要使公司的全部营销努力能够更有效地用于建立和发展公司盈利性的客户关系，这与公司战略、营销战略及其目标应当是完全一致的。

广义的营销努力也应当包括公司和营销者分析市场机会、制订营销战略和设计营销组合的付出。但这里的管理营销努力主要是指公司通过营销计划、营销执行和营销控制，对营销活动或营销努力的管理。营销计划与营销执行、营销控制的关系，与战略管理中的三者关系类似。

营销计划是指公司在分析营销环境、制订营销战略和设计营销组合的基础上，将其具体化为相关职能部门、产品和品牌的营销或其他计划的过程。营销计划与营销战略（规划）不同，它要回答公司营销在一定时期要做什么事情、什么时间做、谁来做、需要花多少钱（包括人力、物力）、做到什么程度或获得什么结果等。因此，好的营销计划必须有相应的资源分配计划或资金预算支持。

营销执行是把营销战略和计划变为营销行动，从而实现预期营销目标的过程。计划与执行对于成功来说是同样关键的，计划是选择做正确的事，执行则是用正确的方法做事。所以二者缺一不可。

营销控制是指在营销战略与计划执行过程中出现偏差或未能达到阶段性预期目标时采取纠正措施帮助达成目标的管理活动。此外，营销计划、执行及控制是由人和组织来进行的，公司还必须设计一个营销组织来有效和高效率地执行公司的营销战略和计划。

三、市场调研是实现顾客满意的必要手段

市场调研是指系统地设计、收集、分析和提出数据资料以及提出跟公司所面临的特定的营销状况有关的调查研究结果。也就是说，企业对用户及其购买力、购买对象、购买习惯、未来购买动向和同行业的情况等方面进行全部或局部的了解，从而掌握市场的现状及其未来发展趋势的一种企业经营活动。

市场调研对企业改善经营、搞活经济、提高经济效益等方面都有重大作用，是企业进行正确经营决策的前提。企业通过市场调研可以掌握市场供求状况，分析市场变化趋势，不断发现新需求和新市场，找到最有利的市场营销机会。企业还可以市场调研为依据，针对市场情况制订相应的市场营销决策，并且可以对企业已实行的营销策略效果进行比较分析，修订效果不佳的策略。总之，市场调研对企业市场预测，制订经营方针、产品方向、经营策略等具有重要的作用。

市场调研的范围，应根据外部环境的变化情况和自身的工作要求来定，一般可分为广义的市场调研范围和狭义的市场调研范围两种。狭义的市场调研范围，主要以销售工作方面为主；广义的市场调研范围，除销售方面外，还包括对产品的分析和市场潜力的研究等。其具体内容有以下几个方面。

1. 市场环境

（1）政治环境。掌握政府关于工农业生产发展的方针、政策、有关价

格、税收、财政、信贷、外贸等方面的政策法令，并分析它们对市场营销的影响。

（2）经济状况。主要调查掌握国民经济的发展趋势、未来可能的要求、人口增长趋势、就业机会和人数、工资平均增长速度等，并分析在其影响下市场供求总量及结构的变化趋势，预测社会商品购买力与商品可供量总额平衡的情况。

（3）社会环境。掌握一定时期一定范围内的人口数量及其变化，掌握各相关团体对各类消费者需求的影响。

（4）自然环境。了解供应区内的地理位置、气候条件、气象变化等规律。

（5）社会时尚。掌握一定时期内某种消费者行为在广大群众中的流行趋势、流行周期及流行性影响。

（6）科学技术。了解和掌握与本企业有关的科学技术的发展趋势、速度、内容。

2. 市场供求情况

（1）市场供应状况。指对供应的渠道、价格、数量、时间等进行调查，并及时进行分析，选择出最有效、最合理的方案。

（2）市场需求和变化趋势。通过调查消费者市场、工业市场和农业市场的情况，测定市场的潜在需求和现实需求的总量，预测市场变化趋势。这类研究主要使用定量分析的方法，力求准确地判明市场前景，为调整经营结构或营销策略指明方向。

3. 市场竞争研究

企业为了立于不败之地，要进行竞争调查，又称竞争关系分析。首先要调查清楚谁是竞争对手或潜在的竞争对手，进而了解他们的销售机构、组织状况、销售能力、销售渠道、销售价格、销售策略、市场占有率、产品策略等，了解本企业在竞争市场中的序列、销售市场占有率、顾客对本公司的看法、企业的信誉等。实际上竞争分析应该作为一条主线贯穿于全部市场研究活动中，使企业管理者能够随时了解竞争态势的变化并采取相应的对策。

4. 市场营销组合因素

（1）产品研究。主要调查新产品发展情况，产品的款式、性能、体积、色彩、价格包装、服务、商标及消费者对产品的态度等。促进企业对自己的产品不断进行更新和改造，以适应用户新用途和开拓新市场。

（2）价格研究。主要调查市场上各种产品的价格水平、价差、价格趋势等内容，并以顾客的预期价格为依据制定本企业的定价策略。

（3）分销渠道研究。主要调研市场上可利用的分销渠道和中间商的种类、现状及发展趋势。

（4）促销研究。主要调研内容为市场对推销员、广告、营业推广、公共关系活动的接受程度，可供利用的宣传媒介、广告公司及其他咨询策划公司等。

企业的市场调研的内容极为广泛，主要目的是为了探求如何使企业产品能适销对路、价廉物美，取得更多销售量和较大的经济效益。

四、顾客满意度的八个子项目

任何一个服务组织，要不断提高其产品质量、过程质量、组织质量和员工质量，都应该从本组织实际情况出发，精心策划与建立一个实用有效的质量体系，并使其有效运行。国内外服务业实施 ISO 9000 标准的实践经验告诉我们，服务组织质量体系的建立和运行一般应遵循"八步法"或"十六字经"。

1. 总结

任何一个服务组织，在质量管理上都有一定的经验和教训，因此，首先要总结开展质量活动或推行全面质量管理的经验教训，把感性的经验或教训总结提炼成理性的标准、规范或制度。

2. 学习

服务组织应组织员工，尤其是管理人员认真学习国际服务质量管理标准及相关的 ISO9000 标准，并能联系本组织实际。此外，还可学习同类服务组织全面质量管理工作先进经验。

3. 对照

把本组织的质量工作现状与国际服务、质量管理标准的要求进行逐项对照，以肯定成绩，找出差距，明确今后努力的方向。

4. 策划

策划是对服务组织的质量体系进行设计，它包括产品定位、服务质量体系要素的选定、服务质量活动过程网络的确定、服务质量体系文件的设计、服务环境设计、编制服务大纲等。

5. 调配

调配质量体系建立所需的各类资源。一是调配人力资源，依据质量体系要求选聘合适的各级各类管理人员，同时对所有员工进行培训，使其适应质量体系的要求；二是调配物质资源，包括安装必要的服务设施、配备必要的服务器具等。

6. 充实

充实质量管理乃至企业管理的各项基础工作。

7. 完善

完善质量体系文件，使服务质量体系文件化。

8. 运行

质量体系文件实施的过程就是质量体系运行的过程，为了不断推进质量体系的有效运行，每个服务组织应采取下列措施。

其一，开展质量培训和教育活动，建设质量文化。

其二，认真执行以"质量否决权"为核心的质量考核制度，并与经济责任制密切挂钩，以激励员工不断改进服务质量。

其三，核算质量成本，不断提高服务效率与效益。

其四，积极开展质量控制（QC）小组活动，改进质量问题，提高员工队伍素质等。

实践证明，只要遵循上述过程，服务组织的质量体系就能顺利建立起来并有效运行，实现服务质量标准化、服务提供程序化、服务行为规范化，取得显著成效。

五、21 世纪顾客满意理论研究的新发展

21 世纪是知识经济时代，知识经济时代的到来使社会的政治、经济、文化发生了巨大的变化，也给企业带来新的机遇和挑战。新的环境，特别是科学技术的发展，使得满意理论的发展在前人研究的基础上发生了变化。

随着满意度指数模型的不断成熟，人们开始关注不同的顾客满意类型对其他因素的影响，如不同的顾客满意对消费者购买行为产生的影响。这些研究都描述了顾客满意和单个因素之间的非线性关系，但对顾客满意的测量方法并不统一，因此无法将他们的模型进行优劣比较，但是他们建构的模型都要比以往的模型更加严谨、实用。

有些研究仍然不断致力于测量模型的完善。2000 年，乔汉·利茨（Jochen writz）继续探讨了各个变量之间是否会产生晕轮效应（halo effect），2001 年他又探讨了如何在测量满意时避免出现晕轮效应的方法。同时，还有大量研究运用高级统计工具，充分利用网络优势讨论了测量满意工具的效用性。

另外，大量学者开始寻找实用、有趣的变量，讨论它们与满意之间的关系。比如：服务属性对顾客满意的影响程度；探寻哪些顾客群体的满意对忠诚度影响较高，哪些顾客群体其忠诚与否基本不受满意的影响；基于顾客满意和顾客忠诚关系的市场细分方法，将顾客满意理论的模型移植到预期服务补救研究，顾客满意和感知实绩、顾客忠诚之间的关系等诸多具有意义的研究。

对比 21 世纪与以往的理论和实证研究，我们可以得出 21 世纪满意研究发展的趋势。

1. 期望、不一致性和绩效的核心地位不断巩固

在研究如何构建测量满意整体框架的过程中，模型逐渐由简单到复杂，不断完善，控制的变量也逐渐增多。期望、不一致性和绩效是影响顾客满意的主要变量的观点逐渐被人们接受。

2. 顾客满意度指数模型指导实践

20 世纪 90 年代以来，探讨测量满意模型的研究越来越少，而应用满意模型的研究却逐渐增多。随着 21 世纪经济的飞速发展，服务业的不断成熟，各国将会大力构建顾客满意度指数模型，关于满意探讨的领域越来越贴近现实，以指导各行业的实践。

3. 高级统计模型流行

结构方程模型（SEM）在满意研究中逐渐得到广泛应用。SEM 是心理测量学和经济计量学相结合基础上的一般线性模型（general linear models，GLM）的拓展，同时包括了一种测量模型和一种结构模型，综合了因子分析和路径分析的优势。满意研究中主要应用的分析技术是回归分析、因子分析、相关分析等，其中又以回归分析应用的最多。一些研究还针对前人的理论模型在统计技术上进一步改善。高级计量模型的发展使满意研究理论领域的方法工具得到进一步完善，满意研究理论不断发展成熟。

4. 单纯研究向综合研究过渡

从研究目标和应用角度而言，满意研究正从以确定影响满意的关键因素、测量企业顾客满意度指数为目的的单纯满意研究向多种研究相配合的综合研究过渡。进一步的研究使顾客满意研究上升为"顾客价值管理"（customer value management，CVM）成为可能。通常顾客在购买前有一个对产品预评价的过程，在预评价的基础上产生购买，购买后对产品作出评价，同时形成下一次购买前的预评价。顾客满意研究无法将价格等因素作为一种可变因素与顾客感知结合起来，而顾客价值研究可以超越顾客满意研究，借助于联合分析等技术，将价格以及竞争对手的产品与服务作为一种可变的因素进行处理，而不像传统意义上的顾客满意研究将其作为一种固定的因素，仅仅询问其价格满意与对竞争对手的感知上的满意，从而提高了满意研究对于现实工作的指导意义。

品牌资产理论

一、20 世纪 90 年代，西方营销理论将
"品牌"扩展成"品牌资产"

1. 凯文·凯勒的品牌资产模型

著名品牌资产研究学者凯文·凯勒建立了基于顾客的品牌资产模型（Customer - based Brand Equity），最早发表于《市场营销杂志》上，很快被世界各地的众多品牌研究专家所接受，成为品牌资产研究评估的有力工具。1998 年，凯勒在其专著《战略品牌管理》中对这个模型进行了深入的扩展和完善，使它更具有实践操作价值，但其理论内核没有变化。他第一次从消费者的角度对品牌资产进行了研究，提出了以消费者为基础的品牌资产概念，建立了从消费者的观点出发的品牌资产概念模型。

对品牌研究动因的分析，使凯勒认识到战略导向的品牌资产研究的重要性。任何营销战略的制订不能脱离对消费者需求的理解和对消费者需求

的满足。要理解和满足需求，必须考察消费者对营销的反应以及从消费者行为的背后进一步把握消费者的认知。对品牌营销来讲，就是要考察消费者对有品牌与无品牌产品的反应的差异以及这种差异产生的原因。通过对这个问题的探索，凯勒提出了以顾客为基础的品牌资产。他把以顾客为基础的品牌资产定义为由于顾客对品牌的了解（即品牌知识）而引起的对该品牌营销的不同反应。也就是说，与没有品牌的相同产品相比，顾客更倾向于对有品牌的产品做出反应。当消费者对品牌熟悉和对品牌持有喜爱的、强烈的和独特的联想记忆时，就存在以顾客为基础的品牌资产。

他认为从这个角度对品牌进行定义是非常有用的，因为这个概念为营销战略和营销策略提供了具体的指导方向，对其进行研究有助于经理人员进行决策。这个概念有两个重要意义。

第一，市场营销人员可以从一个宽阔的视野来看待一个品牌的营销活动，同时认识到营销活动对品牌知识的影响以及品牌知识的改变如何影响传统上衡量营销结果的指标，如销售额。

第二，市场营销人员必须认识到未来的品牌营销计划在很大程度上受到公司在短期营销努力中建立起来的品牌知识（消费者记忆中）的影响。

凯勒认为，当顾客对品牌有高度的知晓度，并在记忆中形成强有力的偏好和独特联想时，以顾客为基础的品牌资产就会产生。凯勒用联想网络记忆模型对品牌知识的形成机制进行解释。他认为品牌知识由品牌知晓度和品牌形象组成。

品牌知晓度与记忆中的品牌信息节点的信息强度有关，它反映了顾客在不同条件下对品牌识别的能力。品牌形象是顾客对品牌的看法，它反映了顾客对品牌的总的联想。而品牌联想是指储存在各信息节点里的信息之间的联系（与品牌有关的）。联想有各种形式，可能反映产品特点，也可能反映产品以外的内容。

从顾客的角度看，品牌资产来源于品牌的知晓度和品牌联想。品牌知晓度较高，并具有丰富、独特和积极的品牌联想的品牌，具有比较高的品牌资产。有一定知晓度但缺乏丰富联想的品牌可能具有一定的品牌资产。

例如，在低度介入的购买行为中，顾客会依据对品牌的熟悉程度进行选择。如果产品质量没有问题，即使没有丰富、美好的联想，消费者也可能持续购买这种产品。品牌的知晓度是通过重复宣传品牌、提高顾客对品牌的熟悉程度来实现的。品牌的知晓度可以用深度和广度来衡量。品牌知晓的深度是与顾客对品牌识别能力和对品牌回忆能力相联系的。品牌知晓的广度是与顾客购买该品牌产品的种类与数量相联系的。

对品牌资产而言，品牌知识中的品牌形象维度比品牌知晓维度更加重要。品牌形象是关于某个品牌的特定联想。这个特定联想可以从四个方面来衡量：品牌联想的类型、品牌联想的喜爱度、品牌联想的强度和品牌联想的独特性。品牌联想的类型又包括属性联想、利益联想和态度联想。属性联想包括与产品有关的联想（如产品舒适性）和与产品无关的联想（如价格、包装、使用者意向、用途意向）。利益联想包括功能利益、体验利益和象征利益。

在对品牌形象分析的基础上，凯勒认为，品牌联想的喜爱度、品牌联想的强度和品牌联想的独特性是品牌资产的最重要的决定因素。品牌联系的喜爱度决定于品牌的相关特点和利益，而这些特点和利益应该是符合顾客需要的、产品能够提供的和品牌营销所传达的。品牌联想的强度与消费者在品牌营销中获得的信息和对信息加工的程度有关，决定于信息与个人的相关性和信息表达的一致性。品牌联想的独特性是竞争品牌不具有的联想，即对某个品牌的独特信念。显然，顾客一般会选择具有强有力的、令人喜欢的独特联想的品牌。凯勒的品牌资产模型具有以下特点。

（1）以品牌战略营销为导向。

正如凯勒自己所言："财务导向的品牌资产研究是为了在会计上对资产进行估价，或者在兼并、收购交易中对一个品牌的价值进行更准确的评估；而战略导向的品牌资产研究是为了提高营销的生产率。"品牌价值的创造是品牌价值衡量的前提。对品牌资产进行战略导向的研究，是人们在品牌营销中把品牌的销量作为品牌营销的焦点转化为把创造品牌的价值作为品牌营销的重点。如果说，品牌价值的评估和品牌的交易使人们看到了品牌的重要性，那么凯勒以战略为导向的品牌资产观念，则使人们深刻地认识到品牌战略营销的重要性。因此，凯勒模型的提出是对当时出现的、以促销来迅速增加短期销量的"品牌营销近视症"的否定，它强调塑造品牌价值的重要性和正确处理品牌营销中"短期利益"和"长期利益"的关系的重要性。

（2）以认知心理学为理论基础。

从凯勒模型中，我们可以看到品牌资产的来源是顾客认知。凯勒把顾客对品牌的认知称为"品牌知识"，认为品牌知识的形成是品牌资产产生的关键。他把"认知心理学"中的"联想网络模型"作为品牌知识形成的理论基础。品牌营销活动向顾客传递信息，顾客通过"联想网络"对信息进行加工，形成"品牌知识"（即品牌资产），顾客最终会根据这些知识产生差异化的行为，使品牌资产的价值得以实现。

（3）以品牌联想为核心。

凯勒认为，从顾客的角度来看，品牌资产来源于品牌的知晓度和品牌联想。而品牌联想是品牌资产最重要的来源（凯勒没有对品牌资产的来源和形式进行区分，他认为没有必要对来源和形式进行区分，重要的是创造令人喜爱的、强烈的和独特的品牌联想。因此，品牌联想既是品牌资产的来源又是品牌资产的存在形式）。品牌联想的喜爱度、品牌联想的强度和品牌联想的独特性是品牌资产最重要的决定因素。根据凯勒模型，我们可以认为品牌联想是最重要的品牌资产。因此，品牌营销的中心任务就是创造、管理和利用品牌联想。

凯勒模型从四个方面对品牌联想进行了分析：品牌联想的类型、品牌联想的喜爱度、品牌联想的强度和品牌联想的独特性。品牌联想的类型又包括属性联想、利益联想和态度联想。属性联想包括与产品有关的联想和与产品无关的联想。利益联想包括功能利益、体验利益和象征利益。品牌联系的喜爱度决定于品牌的相关特点和利益，而这些特点和利益是符合顾客需要的、产品能够提供的和品牌营销传达的。品牌联想的强度与消费者在品牌营销中获得的信息和对信息加工的程度有关，决定于信息与个人的相关性和信息表达的一致性。品牌联想的独特性是竞争品牌不具有的联想，即对某个品牌的独特信念。显然，顾客一般会选择具有强有力的、令人喜欢的和独特联想的品牌。凯勒从多个角度对品牌联想进行了深入研究，对理论和实践都具有参考价值。

2. 艾克的品牌资产模型

美国著名的品牌专家戴维·艾克教授在 1996 年提出品牌资产十要素模型。艾克在 1990 年对品牌形象理论进行了完整、系统的总结、评价和研究。在品牌形象的基础上提出了自己的品牌资产模型。后来，在论述品牌资产如何创造价值的问题时，他对品牌资产模型的概念框架进行了扩展。在这个新框架中，对品牌资产的含义进行了具体说明、阐述了品牌资产的内容和品牌资产的价值。

在品牌资产的扩展框架中，艾克根据自己对品牌资产的界定，对品牌资产的含义进行了说明，认为品牌资产是：

- 一系列品牌资产和负债；
- 与品牌名称和品牌象征有关；
- 能够增加也能够减少一个产品或者服务的价值；
- 为顾客提供价值也为公司提供价值。

艾克认为品牌资产是价值创造的源泉。这些品牌资产包括：

（1）品牌忠诚度；

（2）品牌名称知晓度；

（3）品牌的感知质量；

（4）除了感知质量外的品牌联想；

（5）其他专有品牌资产，如专利、商标、渠道关系。

品牌忠诚，是消费者对品牌偏爱的心理反应。由于忠诚度可以转化为利润流，因此当强调品牌价值时，品牌忠诚度是一个关键要素。例如，一个忠诚的顾客可以被期望为可以预测的销量和利润流。品牌名称知晓度，是指品牌名称为消费者所知晓的程度。在通常情况下，品牌名称知晓度没有被提升到一种品牌资产的地位。但是，在对企业的研究中，知晓度实际上是第三个被提及的资产。对许多公司而言，品牌知晓度是关键的，它奠定了成功品牌力量的基础。

品牌的感知质量，是指消费者对某一品牌的总体质量感受或在品质上的整体印象。之所以把品牌感知质量与品牌联想区别开来，对其进行单独考察有几个原因。第一，感知质量已经成为许多公司的重要业务推动力，它可以作为提高品牌资产计划设计的动机；第二，对战略计划研究所的PIMS 数据库（3000 家企业的财务和经营的实证分析数据）的研究表明在测定的 PIMS 变量中，感知质量是对投资回报最重要的贡献因素；第三，在对 250 个企业经理人员的研究中，要他们识别其公司持久的竞争优势时，回答排列最前的是感知质量。因此，感知质量是非常重要的、公认的战略要素，值得把它作为一个单独的品牌资产维度。

品牌的感知质量是企业与消费者长期互动的结果，是以品牌标定下的产品实际质量为基础，但并不完全等同。一方面，品牌的品质形象依赖于该品牌标定下的产品功能、特点、可信赖性和耐用性以及产品外观和销售服务能力等影响因素。因此，如果产品的实际质量较低，或功能、产品的一致性和可信程度低，都会对品牌产生不好的品质感知。另一方面，品牌感知质量并非必然与产品的实际质量不可分割。实践中，同一质量的产品用不同的品牌推出，即使是同一消费者所感受的品质差异也可能非常大。这主要是由于消费者对不同品牌感知的品质形象不同所致。所以，消费者可以在脱离具体产品属性的条件下，单独对品牌的整体品质进行评价。

品牌联想，是指消费者由品牌而产生的印象。通常，品牌会使人们联想到产品特征、消费者构成、消费者利益、竞争对手等，其联想内容因品牌不同而有所差异。消费者通过对不同品牌产生不同的联想，使品牌间的差异得以显露。广告宣传等传播品牌的主要目的，首先是使消费者产生联想，然后产生差别化认知和好感，最后产生购买欲望。同时，由于绝大部分联想会想到消费者利益或与此有关联，而这又是消费者购买与放弃购买的依据或缘由。所以，品牌联想能提供消费者选购的理由。此外，品牌联想的资产价值还表现在它能揭示品牌延伸的依据，能够创造有利于品牌为消费者所接受的正面态度与感觉。艾克将品牌联想概括为产品特性、产品档次、生活方式和个性、使用者和顾客、用途、相对价格、顾客利益、企业能力等多个方面。

其他专有的品牌资产，是指那些与品牌密切相关、对品牌竞争优势和增值能力有重大影响、不易准确归类的特殊资产，一般包括专利、专有技术、分销渠道等。

艾克模型从企业角度研究了品牌资产的构成要素，使其在品牌的财务价值评估方面产生了很大的影响，一度成为品牌价值评估的理论基础。而且它提出了品牌资产的五个构成要素，被称为品牌资产的五星学说，影响深远。作者对品牌价值的财务评估没有深入研究（显然在实践操作上是很复杂的），也不是本文关注的重点。因此，本文对艾克模型的财务价值方面的价值不做任何评论。下面从品牌资产理论的角度进行简要评述。

与凯勒模型相似，艾克模型的核心要素是品牌知识，其中品牌联想是核心中的核心。不同的是，艾克把感知质量作为品牌联想的一个组成部分，并强调其重要性，把它单独列出作为品牌资产的重要组成成分。强调品牌的感知质量是对的，对品牌的价值评估具有指导意义。问题是品牌的感知质量是来自顾客对品牌所标定的产品的真实质量的感知，还是由于同一产品在品牌标定下使顾客对产品的质量认知产生了变化，这两者是有区别的。例如，市场出售的合格的阿司匹林的化学结构和物理性质是没有区分的。顾客在盲测的情况下，对产品服用效果的认知是没有区别的。但是，在贴上品牌标签后，顾客对著名品牌的阿司匹林的效果评价与一般品牌是不同的，前者的效果大于后者。这个效果差异应该来自品牌名称的效用，显然这部分是品牌资产。这个品牌名称的功能性质显然不属于象征价值，而是由于对品牌的投资减少了认知风险，对品牌产生了信任，产生了心理反应。因此，正确地说，它属于品牌担保功能，使顾客对品牌标定的产品的质量评价比较高。即使没有美好的联想，顾客愿意购买熟悉的、质量有保证的品牌产品，那也是品牌的担保功能，它不是品牌联想带给顾客的利益。因此，品牌的感知质量应该属于品牌信号的价值。品牌信号的价值也是一种品牌资产，因此，在财务评估中是很重要的。只是在理论上应该把它们进行区分，因为其性质不同，一个是品牌信号的价值，一个是品牌联想的意义。

虽然凯勒和艾克分别从不同角度研究品牌资产的构成要素，但从比较中我们可以看出，两者的核心要素一致，皆为品牌知识，其中品牌联想是核心中的核心。特别是在凯勒的模型中，品牌联想既是品牌资产的来源，又是品牌资产的存在形式，品牌联想的喜爱度、强度和独特性是品牌资产最重要的决定因素。因此，品牌联想是最重要的品牌资产，品牌营销的中心任务就是创造、管理和利用品牌联想。

3. 提升品牌资产的手段

在提出了品牌知识及品牌知识效应是建立品牌资产的源泉之后，凯勒还提出了建立品牌资产的手段——创建有利的品牌知晓和品牌联想的方法。具体内容包括三个方面。

（1）选择品牌要素。

品牌要素是区分一个品牌与其他品牌的视觉和听觉信息。最常见的品牌要素包括品牌名称、标志、特征、包装和广告语等。

（2）将品牌纳入到营销计划中。

要想让品牌具有积极、独特的品牌联想，还要把品牌纳入到营销计划中。通常采用的营销策略主要包括产品、价格、分销渠道及市场沟通等。

（3）发挥次级联想作用。

第三种建立品牌资产的方法——发挥次级品牌联想的杠杆作用，是指利用品牌本身产生的联想，使品牌与某些实体相关联。当消费者以一定的方式联想到其他实体时，他们会推论这些实体特性也适用于被联想的品牌。实际上，有关这些实体的联想已经传递给了这一品牌。换言之，这些品牌实际上借用了其他实体的联想及性质，有时也可能会借用其他产品的品牌资产。

这种建立品牌资产的方法称为次级联想的杠杆作用法。杠杆作用的基本条件在于消费者在长期实践过程中积累的有关实体的知识——态度或信念。当一个品牌与该实体相关联时，消费者会推论属于该实体的性质同样也属于该品牌。这些实体可以通过许多不同的理论机制对产品评价产生影响。例如，使产品本身的优点与其他实体属性中的优点相结合，对总体品牌评价产生影响；或起标识作用，暗示更多的产品特色；或起启发作用，简化产品评价过程；或作为产品比较时的一种标准。

如果现有或直接的品牌联想在某些方面存在缺陷的话，次级品牌联想就显得尤为重要。也就是说，利用次级品牌联想，也许可以建立一个强有力的、受赞誉的、独特的品牌联想，而这种联想原先并不存在。凯勒把建立次级联想的方法归纳为八种：①公司（如通过品牌策略）；②国家或其他地理区域（或通过标出产品原产地）；③分销渠道（如通过渠道策略）；④其他品牌（如通过联合品牌）；⑤特色（如通过许可授权）；⑥代言人（如通过其为商品做广告）；⑦令人瞩目的活动（如赞助）；⑧其他第三方资源（如奖励或评论）。

二、品牌资产的特征

品牌资产是一种特殊资产，常常以无形资产形式表现出来，品牌资产常呈现如下特征。

1. 品牌资产是无形资产

品牌资产作为品牌拥有者的重要无形资产越来越受到管理人员的重视，并把它反映到财务管理之中就是以无形资产的形式出现在会计账上。在兼并、并购、重组、合资、核算等资产活动中，成为受关注的重要无形资产内容。但由于无形资产具有直观把握的难度，所以有些品牌组织对此不够重视。

2. 品牌资产具有增值价值

品牌资产作为一种无形资产，其投资与利用常常交织在一起，难以截然分开。如果品牌资产管理得当，品牌资产会在利用当中增值。

3. 品牌资产计量复杂

品牌资产评估需要用一系列指标进行综合评价，是一项复杂的工程。因为品牌资产是无形资产，所以难以准确地计量。品牌资产往往凝聚着高智力的成果，由复杂的脑力劳动构成，具有计量不确定性。品牌资产的构成要素相互影响、相互融合、彼此交错，可以共享、可以转移，可能为多个主体控制，计量难度大。还有很重要的一点，品牌的潜在获利能力具有很大的伸缩性和不确定性，增加了品牌资产准确计量的难度。

4. 品牌资产具有波动性

品牌从无到有，从消费者陌生到熟悉，是品牌运行者长期努力的结果。尽管品牌资产是以往投入的沉淀和结晶，但不是只增不减。品牌决策的失误、竞争中的成功都可能使品牌资产发生变化。在品牌发展过程中，还存在品牌老化问题，如果品牌的管理者不做出正确的经营决策，品牌资产就会下降。所以，品牌资产常常具有波动性，有的时候上升，有的时候下降，甚至出现负资产。

5. 品牌资产是营销业绩的主要衡量指标

品牌资产的实质是销售者交付给消费者的产品特征、利益和服务。为了维系品牌和消费者之间的长期交换关系，需要积极开展各种营销活动，履行各种承诺。品牌资产是品牌组织不断进行营销投入和营销活动的结果，每一种投入都会对品牌资产存量的增值带来影响。所以，必须有机、协调、配合地进行品牌资产的积累才能保持品牌在消费者心中的地位。品牌资产反映了品牌组织总体营销水平，是衡量营销业绩的主要衡量指标。

三、"品牌资产"组成的五大要素

1. 品牌的知名度

品牌的知名度是指某品牌被公众知晓、了解的程度，它表明为多少或多大比例的消费者所知晓，反映的是顾客关系的广度。品牌知名度是评价品牌社会影响大小的指标，品牌知名度的大小是相对而言的。

（1）品牌知名度的层级。

①无知名度。

无知名度是指消费者对品牌没有任何印象，原因可能是消费者从未接触过该品牌，或者该品牌没有任何特色，根本无法引起消费者的兴趣，十分容易被消费者遗忘。消费者一般不会购买该品牌。

②提示知名度。

这是根据提供帮助的记忆测试确定的，如通过电话调查，给出特定产品种类的一系列品牌名称，要求被调查者说出他们以前听说过哪些品牌。虽然需要将品牌与产品种类相连，但其间的联系不必太强。品牌识别可以让消费者找到熟悉的感觉。人们喜欢熟悉的物品，尤其是对于香皂、口香糖、纸巾、糖等低价值的日用品，有时不必评估产品的特点，熟悉这一品牌就足以让人们作出购买决策。研究表明，无论消费者接触到的是抽象的图画、名称、音乐还是其他，接触的次数与喜欢程度之间呈正相关关系。

例如，在评估计算机系统时，通常要考虑三四个备选方案。在这一步，除特殊情况外，购买者可能未接触到更多品牌。此时，要进入备选组的品牌回想就非常关键。哪个厂商生产计算机？能够想到的第一家公司就占有优势，而不具有品牌回想的厂商则没有任何机会。

③未提示知名度。

在这一层次，通常是通过让被调查者说出某类产品的品牌来确定品牌回想，但这是"未提供帮助的回想"，与确定品牌识别不同的是，不向被调查者提供品牌名称，所以要确定回想的难度更大。品牌回想往往与较强的品牌定位相关联。品牌回想往往能左右潜在购买者的采购决策。采购程序的第一步常常是选择一组需考虑的品牌作为备选组。

④第一提及知名度。

这是一种特殊的状态，是品牌知名度的最高层次。它是指消费者在没有任何提示的情况下，所想到或说出的某类产品的第一个品牌。确切地说，这意味着该品牌在人们心目中的地位高于其他品牌。例如说到咖啡，就会想起雀巢；说到香烟，就会想到万宝路。企业如果拥有这样的主导品牌，就有了强有力的竞争优势。

（2）品牌知名度的资产价值。

品牌知名度是品牌形成的前提，是消费者赋予品牌一定资产价值的第一步，品牌知名度的高低与品牌资产的大小是成正比的。

大量研究表明，深入人心的记忆与人们的购买态度、购买行为之间存在着关系，各品牌在测试中被记忆的先后次序不同，它们在被优先选择和购买的可能性上就表现出很大的差别。对于经常购买的日用消费品，品牌知名度的作用是至关重要的，因为品牌购买决策一般是在去商店之前就已有了。

2. 品牌形象

品牌形象是品牌组织或某个品牌在市场上、在社会公众心中表现出的个性特征，它体现公众特别是消费者对品牌的评价与认知。品牌形象与品牌不可分割，形象是品牌表现出来的特征，反映了品牌的实力与本质。品牌形象包括品名、包装、图案广告设计等。形象是品牌的根基，所以品牌组织必须十分重视塑造品牌形象。

品牌形象是品牌资产的重要组成部分。

（1）品牌形象可以成为关键的购买原因。在消费者选择性消费行为中，品牌形象直接影响到哪一个品牌会被选中或被排除，消费者率先想到的品牌，往往会直接影响该品牌在市场上的销售额。

（2）不同的品牌形象在消费者心中存在差异。品质形象好的品牌在消费者的心中占据重要的位置，受到消费者的喜爱和认同，因而在同行业中具有竞争力。

（3）品牌形象可以产生溢价效益。形象好的品牌可以制定更高的竞争价格，消费者仍然能够接受并且认为物有所值。这样可以使品牌的高价策略获得成功，可以在短期内甚至长期获得高于一般品牌的效益。

（4）有利于品牌延伸。如果品牌的形象良好，可以利用品牌的良好声誉扩展新的产品种类，进行产品延伸。许多新品牌的成功就是利用良好的品牌形象这一优势延伸取得的。

3. 品牌联想

品牌联想是指人们记忆中与品牌相关联的各种事物。消费者看到某个特定品牌时，能引发对该品牌的感觉、经验、评价、品牌定位等，这些想法可能是来自于消费者在日常生活中的经验，例如，消费者本身的使用感觉、朋友的意见及建议、广告信息以及市面上的各种营销方式。上述各个不同信息来源均可能影响消费者对品牌的看法，进而影响消费者对该品牌产品的购买决策。

品牌联想是人们对品牌的想法、感受及期望等一连串集合，可反映出品牌的品质及人们对产品的认知。

品牌联想虽然是一种人的意识，但这种意识的集合具有资产的作用。

（1）品牌联想可以使消费者获得与品牌有关的信息。品牌联想可以通过影响消费者的记忆帮助消费者获得信息，为购买行为提供方便。

（2）品牌联想凸显品牌个性。品牌联想显示了品牌的定位和品牌的个性，有助于把一个品牌同其他的品牌区分开。在一些消费者难以区分的品牌中，品牌联想扮演着重要角色。如茅台、五粮液是高档的白酒，LV、GUCCI 是高档奢侈品。

（3）品牌联想影响消费者的购买行为。联想往往涉及产品的特征，这就为消费者购买某一品牌提供了一个特别的理由。品牌联想还通过在品牌中表现出的信誉和自信影响消费者的购买决策。

4. 品牌忠诚

品牌忠诚指消费者对某一品牌具有特殊的感情，因而不断购买此类产品，忠实于该品牌而放弃对其他品牌的尝试。

品牌忠诚作为品牌资产，其价值体现在以下几个方面。

（1）降低营销成本，增加利润。

忠诚、价值、利润之间存在直接对应的因果关系。营销学中有"二八法则"之说，即80% 的业绩来自20% 经常惠顾的顾客。对品牌组织来说寻找新顾客的重要性不言而喻，但维持一个老顾客的成本仅为开发一个新顾客的1/7。在微利时代，忠诚对于营销愈见其价值。我国很多品牌把绝大部分精力放在寻找新顾客上，而对于提高已有的顾客的满意度与忠诚度却漠不关心。品牌经营的目的是创造价值，为顾客创造价值是每一个成功品牌的立业基础。品牌创造优异的价值有利于培养顾客的忠诚，反过来顾客忠诚又会给品牌带来利润增长和更多的价值。

（2）易于吸引新顾客。

品牌忠诚度高意味着每一位使用者都可能成为活的广告，会吸引新顾客。根据口碑营销效应：一位满意的顾客会带来 8 笔潜在的生意；一位不满意的顾客会影响25 个人的购买意愿。因此愿意与品牌建立长期稳定关系的顾客会为品牌组织带来相当可观的利润。品牌忠诚度高代表着消费者对这一品牌很满意。

（3）提高销售渠道拓展力。

拥有高忠诚度的品牌组织在与销售渠道成员谈判时处于相对主动的地位。经销商销售畅销产品赢利更容易，品牌忠诚度高的产品自然受经销商欢迎。此外，经销商的自身形象也有赖于通过其出售的产品来提升。因此，高品牌忠诚度的产品在拓展销售渠道时更顺畅，更容易获得优惠的条款，比如最佳的陈列位置等。

（4）面对竞争有较大弹性。

营销时代的市场竞争越来越体现为品牌的竞争。面对竞争时，忠诚度高的品牌，因为消费者需求改变得慢，品牌组织可以有更多的时间研发新产品、完善传播策略、应对竞争者的进攻。

5. 品牌附加资产

作为品牌资产的重要组成部分，品牌的附加资产包括与品牌密切相关的、对品牌的增值能力有重大影响的、不易归类的特殊资产，一般包括专利、专有技术、分销渠道、购销网络等。所有的运作最终都是与市场销量挂钩的，品牌运作的最终效果体现在品牌的市场占有率、渠道覆盖率、品牌溢价能力以及商标价值四个方面。很多企业都存在一个误区，高空的品牌传播轰轰烈烈，但却忽略了渠道铺货率，导致一些知名的品牌在某些区域市场却没有踪影，直接影响产品销量。品牌在运作过程中，销售方面工作必须到位，确保线上运作一开始，地面的铺货率及线下促销工作配合进行，才能全方位地促进品牌与销量的提升，否则品牌永远只能是空中楼阁，成就不了长久品牌。

四、品牌资产的国际评价方法

1. Young&Rubicam 品牌资产评估方法

在品牌资产评估方面成果卓著的是扬·罗必凯（Young&Rubicam）公司。该公司是一家大型的跨国广告代理公司，为全球 450 个跨国品牌和 24个国家的 8000 多个当地品牌评估其品牌资产。在这套品牌资产评估系统（Y&R 模型）中，除了一些品牌自身特征外，每个被评估的品牌还要接受一个包含 32 个条目的问卷调查，这些条目实际上从品牌差异度、相关度、尊重度和认知度四个维度衡量。在消费者评估结果的基础上，该模型建立了两个因子：品牌强度和品牌高度。其中，差异度和相关度反映品牌的成长潜力——品牌强度，尊重度和认知度则反映了品牌的实现力量——品牌高度。

（1）差异度。

差异度指品牌意义的强度（差异性越小，品牌意义越弱）。消费者的选择、品牌本性和潜在市场都是受差异度驱动的。所有品牌开始于差异度，差异度定义了品牌，并且使该品牌区别于其他品牌。差异度是品牌之所以产生和存在的原因。

（2）相关度。

相关度测量一个品牌对于消费者的个人适应性。单独而言，相关度对于品牌成功并不重要。但是，相关度和差异度结合形成的品牌强度，是品牌未来性能和潜能的一个重要指标。相关的差异度是所有品牌的主要竞争力，是品牌健康的第一指标。如果品牌与消费者不相关，对消费者没有个人适应性，那么这个品牌就不足以吸引和维护消费者。品牌资产评估表明，在相关度和市场渗透之间具有明显的关系，相关度驱动产品的销售规模。

（3）尊重度。

尊重度是消费者喜欢一个品牌的程度，并会把品牌放在重要的位置。在构建品牌的进程中，它排在差异度和相关度之后。尊重是消费者对于品牌构建活动的反映。尊重被两个因素驱动：知觉的质和量。不同国家的文化，知觉的质和量会有所不同。

（4）认知度。

认知度是消费者对品牌及其身份的理解程度和知识广度。对品牌的认知度高，了解品牌的意味和内涵，显示出消费者和品牌的亲密关系。品牌认知来源于品牌构建活动，认知的形成在前。

2. David A. Aaker 品牌资产评估方法

David A. Aaker 的品牌资产评价法是对传统会计学方法的挑战，它试图克服使用财务指标的不足。因为品牌属于长期性投资，但销售量、成本分析、边际报酬、利润及资产回报率等指标都是短期性数据，以短期性指标评价品牌绩效，往往会造成品牌投资决策的失误。

根据 David A. Aaker 的理论，品牌资产有五个维度：品牌忠诚度、品牌知名度、品质认知、品牌联想和专有资产，借助市场研究方法可以测量上述维度。针对品牌自身的目标和策略，品牌资产应和其他竞争品牌拥有的资产不同，例如，百事可乐标榜新生代的选择，而可口可乐则侧重于与所有人生活息息相关的互动。于是，就品牌认知（即希望消费者对你的品牌应有的认知）可以向目标顾客群做市场调查。

在各种品牌资产评估方法的基础上，David A. Aaker 提出了"品牌资产评估十要素"的指标体系。该评估体系兼顾了两套评估标准：基于长期发展的品牌强度指标以及短期性的财务指标。10 个指标被分为五个组别，前四组代表消费者对品牌的认知，该认知系品牌资产的四个维度，即忠诚度、品质认知、联想度、知名度；第 5 组则是两种市场状况，代表来自于市场信息。

（1）忠诚度评估。

品牌忠诚度是品牌资产构成的一个核心维度，拥有忠诚的顾客意味着可以为竞争对手的战略创新赢得反应时间，并抵制恶性价格竞争。将顾客忠诚作为一种标准变量，可以作为评估其他衡量指标的基础。

（2）品质认知（或领导力）评估。

①品质认知。品质认知也是品牌资产结构的关键维度之一。一些研究表明，品质认知能够直接影响投资回报和股票收益。此外，它还与品牌识别的其他关键指标高度相关，包括特定的功能利益变量。这样，品质认知就可以作为其他衡量指标的一个变量。品质认知还有一个重要的特征是它可以跨产品使用。

②领导性（或受欢迎程度）。品质认知指标对竞争对手的创新活动尤其缺乏敏感性。例如，佳洁士在牙膏市场上取得的强势领导地位是建立在美国牙科协会（ADA）长期对佳洁士品牌支持的基础上的。然而，当竞争对手，如 Arm&Hammer 推出烘焙粉牙膏和创新型包装时，就让佳洁士失去了部分顾客。即便这样，佳洁士品牌的品质认知仍然很高，但它的品牌资产却受到了损害。因此有必要对品质认知的框架进行补充，使之能真正捕捉到市场的动态变化。

（3）联想（或区隔性）评估。

关于什么是品牌资产中的关键联想要素一直以来都备受争议，因为有很多形象识别都只能唯一地与某一产品和品牌联系在一起。因此，我们要解决的问题是怎样制定一个能够涵盖所有产品的衡量标准。

品牌联想的衡量指标可以用三个维度来构造：作为产品的品牌（价值）、作为人的品牌（品牌个性）以及作为组织的品牌（组织联想）。

①价值认知。品牌识别的角色之一是创造一种价值体现。价值体现通常会涉及功能利益，对大多数产品来说，功能利益是最基本的。如果品牌不能产生价值，往往很容易被竞争对手击败。

②品牌个性。联想（或区隔性）评估的第二个要素是品牌个性。对某些品牌来说，品牌个性体现品牌的情感利益与自我表达利益，同时也奠定了品牌与消费者之间联系与差异化的基础。这一点尤其适用于有如下特点的品牌：它们仅有部分外观上的差异，但消费者在使用这些品牌的时候却能表现出他们各自的不同。举例来说，很少有消费者能将排在前四位的名牌白兰地酒区分开来，而混入咖啡后（这是在欧洲做的一项重要试验），

更没人能将它们区分开来。但白兰地酒是有个性的，它专为某一社会阶层的人服务，能反映饮用该种白兰地酒的消费者的地位和特征。从这个意义上讲，品牌个性非常重要。

③企业联想。品牌识别的另一个维度是"作为企业的品牌"，这也是差异化的一个驱动因素。尤其是当品牌在某些方面非常相似时，这种联想尤为重要，此时的企业一般是有形的（如耐用品或服务行业）或是涉及公司品牌。

（4）知名度评估。

品牌知名度可以反映一个品牌在消费者心目中的存在状况。通常情况下，它在品牌资产中也扮演着至关重要的角色。品牌知名度指标可以部分地反映该品牌的市场占有率情况。提升品牌知名度是扩大一个品牌市场份额的手段之一，而且也能影响消费者对品牌的认知和态度。品牌知名度是品牌认知和品牌特色在消费者头脑中的反映。

品牌资产评估十要素里的前八项都要求做消费者问卷调查。品牌忠诚度是个例外，因为它可以通过从扫描仪那里汇总的数据来获得重复购买的数据。

①市场份额。当用市场份额来衡量品牌的表现时，这一指标通常可以有效地反映出该品牌在消费者心目中的地位。当品牌在消费者心目中地位比较重要时，该品牌的市场份额应该上升，或者说至少不会下降；反之，当竞争者提高了他们的品牌资产价值时，他们的市场份额也会随之上升。从这个意义上来说，市场份额是衡量品牌资产价值的一个指标，市场份额数据具有容易获得而且精确的优点。

②市场价格、分销渠道覆盖。当通过降价或价格促销获得市场份额的时候，用市场份额作为衡量品牌资产的指标具有欺骗性。因此，考察该品牌销售时的市场价格很重要。考察的价格应该是通过对该品牌不同种类的产品与其销售额之间的加权平均获得。相对的市场价格可以定义为该品牌当月的平均销售价格除以所有品牌出售时的平均价格。

市场份额或销售额数据对分销渠道覆盖率也异常敏感。主渠道是赢利还是亏损，或者是进入一个新的市场区域，都会极大地影响销售额。因此，非常有必要将由于改变分销渠道而产生的品牌价值与通过加强品牌品质认知或形象识别而产生的品牌价值区分开来。因而，渠道覆盖率也作为衡量品牌实力的重要指标，这一指标可以用以下数据来衡量：

- 销售该品牌的商场所占的百分比；
- 接触使用过该品牌的人在人群中的百分比。

综上，品牌资产十要素模型为品牌资产评估提供了一个更全面、更详细的思路。其评估要素以消费者为主，同时也加入了市场业绩的要素。它既可以用于连续性研究，也可以用于专项研究，而且品牌资产十要素模型所有指标都比较敏感，可以由此来预测品牌资产的变化。对于具体某一个行业品牌资产研究，品牌资产十要素模型指标要做相应的调整，以便更适应该行业的特点。例如，食品行业的品牌资产研究与高科技行业品牌资产研究所选用的指标就可能有所不同。

品牌资产十项指标有几十条衡量指标，尽管每一项指标都非常重要，但同时采用这么多指标却很难进行实际操作。考虑到要在很多个市场监控众多的品牌，需要有一个简单的衡量指标来作为是否需要对各种细分指标进行检验的信号。

第14章

标准化与本土化——全球化营销之道

一、如何为国际市场开发一种产品

公司在经过全球市场细分和目标市场选择之后，接下来就要选择进入国际市场的最佳方式和策略。进入全球市场的模式主要包括出口进入模式、合同进入模式、投资进入模式和国际战略联盟模式。这些模式的主要区别在于：出口进入模式输出的是实物产品；合同进入模式输出的是技术、服务、管理经验、营销诀窍等；投资进入模式输出的则是资本；国际战略联盟模式的特点是与目标国的伙伴企业优势互补。如果公司最初选择了错误的进入模式，那么企业在未来的全球市场营销活动中会遇到很大的麻烦。

1. 出口进入国际市场的模式

出口进入国际市场的模式是指公司把本国生产和加工的产品输送到国际市场的方式。采用这种模式时，生产地点不变，劳动力、资本没有在国际市场流动，出口产品与内销产品相同，也可以根据国外目标市场需要进行调整，还可以专门为国外顾客开发新产品。企业选择出口的动机包括获取更多的利润、实现规模经济、拥有独特的信息产品和技术优势，也有的是因为竞争压力、生产过剩、国内市场饱和等被动的情况所迫。出口可以是直接的，也可以是间接的。

（1）间接出口。

间接出口指公司将产品出售给国内代理商，然后代理商再将产品销售到海外。大型零售商沃尔玛和一些贸易公司都拥有购买产品后出口海外的业务。具体运作方式有以下三种。

①公司将产品卖给出口经销商。出口经销商拥有产品所有权，在国际市场自主销售、自负盈亏。

②生产企业委托出口代理商出口产品。出口代理商不拥有产品所有权，受生产企业委托，为生产企业出口牵线搭桥，寻找市场机会，生产企业拥有经营出口产品的决策权。

③生产企业委托在目标市场设有销售机构的本国公司代销商品，或者由同行业多个制造商共同发起成立的外贸企业销售产品。

间接出口模式多适用于处在起步阶段的中小企业，他们不熟悉国际市场情况，可以利用中间商的经验、信息和国际营销渠道，节省国际市场调研、渠道建立等营销费用。但是，间接出口会导致对中间商的严重依赖，不利于自身国际营销经验的积累，也难以及时适应国际市场变化，而且，中间商从中剥削也会减少企业的利润。

（2）直接出口。

直接出口指生产企业绕过国内中间商，独立承担一切出口业务，直接向国外中间商、分销商或最终消费者销售产品。直接出口分为两种情形：一种是设立出口部或国际业务部，向目标国中间商出口产品，由后者在目标市场上进行产品经销或代销；另一种是在目标国设立专门的销售分支机构或子公司就地销售。

采用直接出口模式可以避免国内中间商的盘剥和控制，获取高额利润，也能积累丰富的国际营销经验，并且能够直接迅速获取市场信息，较好地控制国外目标市场。但是，企业设立国外销售机构，需要投入大量资源，并要拥有一批熟悉国际营销的人才。

2. 合同进入国际市场的模式

合同进入国际市场的模式是指从事国际营销的生产企业与目标国的法人通过签订协议，将自己的无形资产使用权（如专利、商标、专有技术、管理、营销技能、著作权等）授予对方，允许其制造、销售该企业产品或服务，或向对方提供服务、设备、技术支持等，以获得报酬并进入国际市场。合同进入模式有以下三种类型。

（1）许可证协议。

许可证协议就是企业（许可方）与目标国法人（被许可方）签订合同，允许其在合同期限内使用许可方的无形资产，并获得被许可方支付的报酬。当企业资金匮乏，或进入限制排除了其他进入方式，或东道国对海外所有权很敏感，或有必要保护专利和商标时，最能体现许可证协议的优越性。很多企业把许可证协议作为出口和在国外生产的补充。许可证的类型有以下四种。

①普通许可。许可方和被许可方在合同规定的区域和时间内，有权对用许可证规定的相关产品进行销售和生产，也可以把许可证的标的再转让给第三方。

②排他许可。许可方和被许可方在合同规定的区域和时间内，有权对用许可证规定的相关产品进行销售和生产，但不能把许可证的标的再转让给第三方。

③独占许可。被许可方拥有在合同规定的区域和时间内对许可证规定的相关产品进行销售和生产的独占权利，许可方在同时同地无权对许可证规定的相关产品进行生产和销售，双方都不能向第三方转让许可证标的。

④交叉许可。许可证合同双方互为许可方和被许可方，在平等互惠的基础上，双方均可取得对方技术的使用权。交叉许可是为了交换技术或是为了技术互补。

可口可乐和迪士尼这种形象导向型的美国公司正在许可海外的饮料、服装、玩具等生产商使用他们的商标名称和标识，仅在中国就有数 10 家工厂在生产可口可乐授权的饮料。

许可证协议能够避开进口国的贸易壁垒和投资限制，可以降低国际营销中的投资风险和政治风险，也不需要投入大量的资金和人力。但是，被许可方可能以低劣的产品质量破坏许可方的信誉和形象。另外，如果许可方把先进的技术、独占的权利转让给被许可方，就培养了潜在竞争对手。日本公司更愿意把产品卖给中国，而不愿意授权中国公司生产，因为日本公司担心，中国公司一旦掌握了制造技术，再利用低工资的成本优势，就会成为其强大的竞争对手。

（2）特许经营模式。

特许经营模式就是特许人将其整个经营体系（包括专利、商标、企业标志、技术诀窍、经营理念、管理方法等）特许给目标国独立的公司或个人使用，被特许人必须按照特许人的政策和方法经营，并支付初始费用和销售提成，特许方要给予被特许方以生产和管理方面的帮助，例如提供设备、帮助培训、融通资金、参与一般管理等。

特许经营可以在很大程度上扩大特许商号、商标的影响力，用较少的资源便可迅速扩展国际市场以获得可观收益，同时，这种合作方式政治风险较小。但是，这种模式要求特许人的商号、商标及其产品、服务必须具有强大的吸引力。

（3）合同生产进入模式。

合同生产进入模式就是企业为了开拓国际市场，充分利用当地的资源优势和劳动力成本低的优势，与当地企业签订生产销售合同，要求对方按照合同规定的质量、数量、交货时间生产本企业所需的产品或零部件，交由本企业在当地销售。实际上，这是将生产线设置在目标国，当地生产，当地销售，使国际生产和国际销售紧密结合。企业在这个过程当中，要提供援助和管理支持，但有可能培养出未来的竞争对手。

3. 投资进入国际市场模式

投资进入国际市场模式就是生产企业将资本连同本企业的管理、销售、财务以及其他职能转移到目标国家或地区，建立受本企业控制的分公司或子公司，在当地生产产品，并在国际市场销售。

对外直接投资可以使公司避开贸易壁垒，不受关税和进口方面的限制。在很多发展中国家，为了解决就业困难和资金短缺问题，政府制定了优惠的税收等政策来吸引外资进入本国，因此对外直接投资可以使公司获得价格低廉的资源以确保其原料和劳动力的供应。

一般来说，通过投资进入国际市场必须解决好两大问题：一是在所有权方面，以独资还是合资的方式进入国际市场；二是以独资方式进入国际市场时，是收购国外企业还是在国外创建新的企业。

（1）在国外建立独资企业。

在国外建立独资企业可以牢牢控制所投资的企业，维持企业在技术进步、经营诀窍、产品品质和产品信誉等方面的优势，确保投资收益最大化。但是要投入大量的人力、财力、物力，独资企业才能最大限度地参与到当地市场的经营。

建立独资企业的方式包括并购和创建两种。并购是指国际营销企业通过在资本市场上购买某企业的股票或在产业市场上购买股权，获得该公司所有权与经营权。通过并购方式迅速抢占市场，吸收被购企业的特长。但是，并购过程也面临着几个关键课题：如何有效地寻找和评估被收购企业；如何处理与被并购企业的原职工、客户和供应商的关系；被收购企业如何与母公司融合。

创建新企业有利于提高运行效率，避免收购方式中原企业的历史遗留问题。但是，创建新的企业建设周期长，筹建工作庞大而复杂，整体投资风险大。

（2）在国外建立合资企业。

在国外建立合资企业可以充分利用双方各自的独特优势，分享资源，共担风险，同享利润。例如，某公司拥有新技术，但缺乏资金，通过引入合资伙伴，可以更快推广新技术并抢占市场。合资公司也有利于与当地政府、金融机构和其他组织保持良好的关系。

东道国为保护民族经济，避免国外企业控制本国经济命脉，多倾向于合资方式。因此，国际化经营企业采用合资方式，既可以保证对所投资的公司的控制权，又可以满足东道国的要求，规避有关政策的限制，获得优惠政策，在东道国树立良好形象。但是，合资公司双方容易在战略、管理风格、会计、控制、营销决策、人事、利润分配等方面发生分歧，威胁合资关系的持续发展。

处于初级阶段的企业多愿意采取合资方式，而处于高级阶段的企业，由于竞争优势明显，国际营销经验丰富，多倾向于独资或占多数股权的方式。

4. 国际战略联盟

国际战略联盟是两家或两家以上企业基于相互需要，分担风险并实现共同目标而建立的一种合作关系。国际战略联盟是弥补竞争劣势、增强竞争优势的重要手段，可以迅速开拓新市场，获得新技术，提高生产效率，降低营销成本，谋求战略性竞争策略。

目前，最明显的国际战略联盟出现在航空业。美国航空公司、英国航空公司、加拿大航空公司和澳洲航空公司是"世界联盟"的成员，该联盟整合了联盟各方的时刻表和里程计划。与之竞争的是以联合航空公司和汉莎航空公司为首的"星星联盟"以及由西北航空公司于 KLM 率领的"两翼联盟"。就单个公司而言，某些业务成本太高、时间太长或风险太大，通过战略联盟的方式，可以把各自的优势联合起来，实现原本无法做成的事情。

二、品牌全球化的管理

1. 超越地理文化边界

品牌超越地理文化边界的能力问题是企业实施品牌国际化战略首先需要解决的问题。其实，在一个品牌背后存在着文化问题，因为一个品牌的知名度、美誉度和忠诚度与产品内在质量和性能有着非常密切的关系，而品牌文化的内涵和魅力所带给消费者的超值享受，正是消费者愿意为品牌付出的价值。也就是说，品牌文化与消费者的消费欲望有着非常密切的关系。

品牌文化独特的内涵会影响到品牌的知名度和美誉度，同时还会影响到消费者的购买欲望。如果品牌足够让消费者满意，那么它会促使消费者落实到行动中，而且还会提升消费者对品牌的忠诚度。

如果一个企业没有自己的品牌或者是文化内涵，那么是无法吸引顾客的，也无法形成自己的市场竞争力，最终也难以面对世界市场的竞争。

中国的品牌有三种商标形式：汉字、拼音文字和图形，一般情况下，这三种形式或单独使用或相互组合使用。从国际化的竞争战略考虑，汉字不利于跨越地理文化边界，而图形和拼音在这方面要容易一些。比如海尔（Haier）是一个比较接近西语发音的商标，而两个可爱的男孩形象，则更易于让大众所接受。如果只是使用"海尔"两个汉字，这种商标就难以为国际市场所接受。所以海尔集团的国际化战略主要使用 Haier 和图形相结合的商标，效果非常好。

培育品牌超越地理文化边界的能力，首先要在品牌设计上做到简洁醒目，能被异域文化所接受。

一旦在品牌设计方面存在根本缺陷，必然会造成超越地理文化边界的能力的缺失，如果情况严重的话还会在品牌推广上出现障碍。

就西方国家的消费者而言，他们不会望文生义，在购买商品的时候，他们不会关注品牌过多的内在含义，而是只注重品牌的外在形式。因此，在品牌的设计方面，最需要注意的就是：简洁醒目，朗朗上口，便于识记，易于传诵，有吸引力和亲和力。在超越地理文化边界能力的培育方面，最为基础的工作就是品牌设计，但是品牌策划艺术是更为重要的。在设计和策划一个品牌的时候，设计是有限的，而策划是无限的。针对不同的社会背景和地域文化，企业可以通过品牌策划重新赋予品牌新的文化内涵。只有使品牌文化内涵非常容易地融入到当地的文化背景中才能影响消费者，才能得到国际的认可并为大家所接受。

所谓品牌国际化的策划是指在充分认知当地文化的基础上所进行的品牌价值理念策划、品牌形象策划和品牌广告策划。品牌国际化的策划首先是策划品牌价值理念。而公司的品牌究竟要为当地消费者提供何种价值理念是有一定说法的。策划这种品牌价值理念就是要建立对品牌的关键性意识形态，揭示品牌的精髓并保证其产品体现。其次，要赋予具体的品牌形象，在体现产品的个性或者是所蕴涵的价值理念的时候要提供具体的识别形象。品牌形象策划就是要建立品牌的形象识别系统，如色彩、线条、图形、形象代言人等，如此种种都要体现出品牌的个性。最后，要注重明星效应的作用，无论是何种明星，在请其为产品代言的时候一定要考虑其道德品质和公众形象，只有这样，才更具有说服力。

2. 实施网络建设

具备了超越地理文化边界的能力并不等于就能够占领市场，因为品牌的国际化还需要一个助推器，那就是国际营销网络。而建设网络需要过程。这些年来，有很多企业在走出去的过程中开始意识到品牌的重要性，努力创造自己的国际品牌。例如，海尔为进入世界最大的零售公司沃尔玛连锁超市，耗时整整两年，最终被接受。在国际市场中，任何一个发展中国家的品牌都需要得到消费者的验证，而这个过程是非常漫长的，需要网络建设的推动。

（1）借梯上楼。

所谓借梯上楼就是"把自己的品牌产品通过国外有影响力的经销商全权代理，进入经销商的渠道，就可以借经销商的营销网络进入市场，逐渐获得市场的消费认知和认可，品牌的影响力和知名度会逐渐上升。"在一些发达国家中，青岛啤酒就是运用这种策略才有了市场。可见，独家代理已经成为寻求市场的重要途径。

（2）借鸡生蛋。

所谓借鸡生蛋是指"通过合资合作的方法，与国外有相当知名度和品牌影响力的跨国公司进行合作，在让出部分国内市场的同时，借跨国公司在国际市场的网络销售自己的品牌产品。"例如，天津"王朝"葡萄酒品牌是一家中法合资的葡萄酒公司，合作方是世界知名的法国人头马公司，中方控股占一半以上，王朝品牌属中方所有。在合作刚开始的时候，双方协商，王朝葡萄酒的外销部分，由人头马公司负责。正是由于人头马品牌的国际影响力和该公司健全的营销网络，才使得王朝品牌的葡萄酒在很短的时间内就得到了国外市场的认可。

（3）"借壳上市"。

合资之道在于合并市场份额。虽然在很多方面都有合资的诉求，然而，跨国公司在中国的合资并购，一个很重要的目的就是占领这个不断成长的市场。世界名牌公司在中国寻求合作伙伴，首选的是国内市场上顶尖的公司。它们通过合资控股，最看中的就是中国公司在国内的市场份额。合资控股之后就等于拿到了一个市场份额可观的网络。例如，在日用化工产业领域，德国的美洁时在实力和品牌上远远落后于汉高公司，但是，该公司凭借技术优势在中国找到了"活力 28"这个很有影响力的品牌，在合资之后，"活力美洁时"很快就打开了中国市场，抢占发展先机。

（4）实施本土化战略。

发扬自己的品牌是中国企业走向国际化的重要战略。然而，在走向国际市场的过程中，很多国内品牌因为"水土不服"，只能回到国门。出现这种问题的根本原因是本土化策略的实施不当。本土化是一个系统工程，在这一方面，大家可以学习海尔的海外本土化成功经验。

三、有关全球化的争论还将持续

1. 经济全球化及其特点

经济全球化的内容大致包括生产全球化、贸易全球化和资本全球化三个方面。经济全球化是指生产、贸易、投资、金融等经济行为在全球范围的大规模活动，使生产要素在全球范围配置和重组，是世界各国经济相互依赖和融合的表现。经济全球化的过程是在生产和科技不断进步、社会分工和国际分工不断深化、生产的社会化和国际化程度不断提高的情况下，世界各国或各地区的经济活动越来越超出一国和地区的范围而紧密联系在一起的过程。

2. 经济全球化对国际营销的影响

（1）正面影响。

经济全球化为资源在全球范围内的优化配置提供了契机。作为全球经济组成部分的各个国家，可以在全球化背景下的国际经济交往中实现优势互补，从而在总体上促进世界经济的发展。在这一过程中，发达国家凭借其资本实力和先进科技，会比发展中国家获得更大的优势。

经济全球化为解决经济、社会发展面临的一些共同问题提供了可能和有利的条件。在当今世界经济发展过程中，生态、环境、资源、人口等问题是各国发展所面临的共同问题。倘若世界各国共同联手采取积极的行动，有利于全球范围的可持续发展。

（2）负面影响。

在经济全球化过程中，世界范围内的发展不平衡将会加剧。由于发达资本主义国家在经济发展中占有明显优势，因此，在经济全球化的进程中其收益也大大超过发展中国家。南北不平衡的现象进一步加剧。

经济全球化加大了世界经济波动的可能性。伴随经济全球化，世界金融市场迅速扩大，世界金融市场使各国经济紧密联系在一起。在金融一体化条件下，金融市场固有的投机性往往会酿成危害性极大的金融危机，进而波及整个世界经济。如 2008 年美国陷入严重的次贷危机，次贷危机及其引起的国际金融危机使我国出口加工业面临严重的形势。随着金融危机的进一步发展，其又演化成了全球性的实体经济危机。

第*15*章

4Cs 挑战 4Ps

一、4Ps 游戏赢得了最广泛的关注

1. 4Ps 营销理论简介

1960 年，杰罗姆·麦卡锡在其《基础营销》一书中第一次将企业的营销要素归结四个基本策略的组合，即著名的 "4Ps" 理论：产品（Product）、价格（Price）、渠道（Place）、促销（Promotion），由于这四个词的英文字头都是 P，再加上策略（Strategy），所以简称为 "4Ps"。

1967 年，菲利普·科特勒在其畅销书《营销管理：分析、规划与控制》中进一步确认了以 4Ps 为核心的营销组合方法，即：

产品（Product）：开发产品独特的功能，找到产品的独特卖点，把产品的功能诉求放在第一位。

价格（Price）：价格是根据市场来制定的。根据不同的市场定位，制定不同的价格策略，产品的定价依据是企业的品牌战略，注重品牌的含

金量。

分销（Place）：在销售的过程中，企业并不直接面对消费者，而是注重经销商的培育和销售网络的建立，分销是企业与消费者的联系纽带。

促销（Promotion）：为了达到刺激消费者的目的，企业注重改变销售行为，以短期的行为促成消费的增长，吸引其他品牌的消费者或导致提前消费来促进销售的增长。

2. 4Ps 理论提出的背景

在 20 世纪 30 年代之前，人们开始从企业营销职能的角度研究市场营销学。1912 年，肖在《经济学季刊》中第一次提出了职能研究的思想，当时他将中间商在产品分销活动中的职能归结为五个方面：①风险分担；②商品运输；③资金筹措；④沟通与销售；⑤装配、分类与转载。1917 年，韦尔德对营销职能也进行了研究，提出了装配、储存、风险承担、重新整理、销售和运输等职能分类。到 1935 年，弗兰克林撰文指出，已有的职能研究已经提出了 52 种不同的营销职能，但并未对分销过程中两大隐含的问题作出解释，这两大问题包括：一是哪些职能能使商品实体增加时间、地点、所有权、占有权等效用；二是企业经营者在分销过程中应当主要承担哪些职能。在弗兰克林看来，在第一个问题上，主要有装配、储存、标准化、运输和销售等五项职能，而在第二个问题上，企业经营者则主要履行承担风险和筹集营销资本两项职能。

从职能角度研究市场营销学直接导致了对营销策略组合的研究。1950 年，尼尔·博登提出的"营销策略组合"，强调了从企业整体营销目标的实现出发，对各种营销要素的统筹和协调，而企业的经理就是"各种要素的组合者"，从管理角度来说，它可以提高企业的营销效率，他将企业的营销活动的相关因素归结为 12 个方面，包括产品、品牌、包装、定价、调研分析、分销渠道、人员推销、广告、营业推广、售点展示、售后服务以及物流。随后，弗利又将这些因素归纳为同提供物有关的"基本因素"和同销售活动有关的"工具因素"。在这之后，很多营销学者又根据自己的意见提出了不同的组合方式，如佛利的二元组合：一为供应物因素，也就是同购买者关系较为密切的因素，如产品、包装、品牌、价格、服务等；

二为方法与工具，也就是同企业关系较为密切的因素，如分销渠道、人员推销、广告、营业推广和公共关系等。拉扎和柯利的三元组合：产品和服务的组合；分销渠道的组合；信息和促销手段的组合。到 1960 年，杰罗姆·麦卡锡提出著名的"4Ps"组合。

3. 4Ps 理论的意义

正因为 4Ps 的提出，管理营销理论才有了框架。这个理论以单个企业作为分析单位，认为影响企业营销活动效果的因素有两种：

一种是企业不能够控制的，如政治、法律、经济、人文、地理等环境因素，这些因素为不可控因素，这些都是企业所面临的外部环境。

另一种是企业可以控制的，如生产、定价、分销、促销等营销因素，称之为企业可控因素。其实，企业营销活动的过程就是一个利用内部可控因素适应外部环境的过程，也就是通过对产品、价格、分销、促销的计划和实施，对外部不可控因素做出积极动态的反应，从而促成交易的实现和满足个人与组织的目标，这一方面，如果用科特勒的话来说就是"如果公司生产出适当的产品，定出适当的价格，利用适当的分销渠道，并辅之以适当的促销活动，那么该公司就会获得成功"。因此，制定并实施有效的市场营销组合是市场营销活动的核心。

这种模型有着非常明显的优势：企业活动本身是非常复杂的，但是它将其概括为三个圆圈、四大因素，即 4Ps 理论——产品、价格、分销和促销。虽然无法说它非常全面，但其组合不失为一个非常好的营销组合模型。

二、寻求新的游戏令人刺激和兴奋

虽然营销组合概念和 4Ps 观点被大众所接受，但是其在很多方面也受到了质疑，特别是一些营销学者特别是欧洲学派的批评，主要有以下几点。

（1）营销要素只适合于微观问题，因为这些营销要素的出发点仅仅是交易的一方，所考虑的只是营销者对消费者做什么，并没有考虑顾客或整个社会利益，虽然有一定的合理性，但是其仍是生产导向观念的反映，而没有体现市场导向或顾客导向，所进行的购买都是短期或者是纯交易的，对顾客没有什么好处。

（2）4Ps 理论是对博登提出的市场营销组合概念的过分简化，是对现实生活不切实际的抽象。在博登看来，提出市场营销组合的这个概念只是为营销人员提供参考，营销人员应该将可能使用的各种因素或变量组合成一个统一的市场营销计划。然而，在 4Ps 模式中没有明确包含协调整合的成分，没有包括任何相互作用的因素，同时，有关什么是主要的营销因素，它们是如何被营销经理感受到并采纳的这些经验研究也被忽视了。另外，营销是交换关系的相互满足，而 4Ps 模型则忽略了很多因素的影响作用。

（3）4Ps 关注的主要是生产和仅仅代表商业交换一部分的迅速流转的消费品的销售。另外，消费品生产者的顾客关系往往是与零售商和批发商的工业型关系，在这个关系中，很多消费品零售商只是把自己当成服务的提供者。这样就使得 4Ps 的作用得不到最大限度的发挥。

（4）4Ps 就是把营销定义为一种职能活动，此时，营销已经不是企业的活动，而是为一些专业人员所掌握，由他们负责分析、计划和实施。有位学者曾这样说过："企业设立营销或销售部具体承担市场营销职能，当然，有时也吸收一些企业外的专家从事某些活动，比如像市场分析专家和广告专家。结果是组织的其他人员与营销脱钩，而市场营销人员也不参与产品设计、生产、交货、顾客服务和意见处理及其他活动。"所以，这必然会导致与其他部门产生矛盾。同时，它对影响营销功能的组织内部任务的关注也是非常缺乏的。

（5）市场营销组合和 4Ps 理论基础是非常不可靠的。在格隆罗斯看来，市场营销理论应该在实践经验中提炼，而且在其发展过程中也会不可避免地会受到微观经济学理论的影响。同时，在 20 世纪 30 年代还受到了垄断理论的影响。随之就导致了市场营销理念与微观经济学联系的中断，所以，市场营销组合缺失根基。在 1959 年，高斯达·米克维茨指出"当营销机制中基于经验性的工作表明企业采用了彼此之间大量的明显不同的参数时，市场中的企业行为理论如果只满足于处理其中的少数几个，这样的理论的现实性就很差了"。

面对着如此多的批评，学者们通过不断努力来充实 4Ps 模型，在这些营销组合中又注入了一些新鲜的活力，从而分别形成产品组合、定价组合、分销组合、沟通和促销组合。当然，在这四个组合中，只要有一个因素发生了变化就会引起其他因素的变化。因此，根据实际情况进行资源的合理配置是非常必要的。

以最好的产品、最便宜的价格、最合适的促销办法及销售网络来最好地满足目标市场消费者的需求、获得最好的经济效益是营销因素组合的目标和要求。

在 20 世纪 80 年代，在学科体系建设和完善方面，市场营销学有了很大的进步。1986 年，菲利普·科特勒在《哈佛商业评论》发表了《论大市场营销》，他提出了"大市场营销"概念。所谓大市场营销就是在原来的 4P 组合的基础上，增加两个 P，即"政治力量"（Political Power）和"公共关系"（Public Relations）。在他看来，要想使企业有更好的发展，需要有其他两种技能，一种是政治力量，另一种是公共关系。所谓政治权力，就是指公司必须懂得怎样与其他国家打交道，必须了解其他国家的政治状况，才能有效地向其他国家推销产品。而公共关系就是指营销人员必须懂得公共关系，知道如何在公众中树立产品的良好形象。在 20 世纪 80 年代，这个概念成为了市场营销战略思想的新发展。如果用菲利普·科特勒自己的话来说，这属于"第四次浪潮"。在 1984 年，菲利普·科特勒在美国西北大学说道："我目前正在研究一种新观念，我称之为'大市场营销'：第四次浪潮。我想我们学科的导向已经从分配演变到销售，继而演变到市场营销，现在演变到'大市场营销'"。

随后，菲利普·科特勒又提出了更为精确的"4Ps"，这属于战术上的，而之前的"4Ps"是战略上的。

第一个"P"是"探查"（Probing）。探查属于医学用语。在检查病人的时候，医生需要探查，也就是深入检查。所以，运用到营销中就是探查市场，了解市场由哪些人组成、市场是如何细分的、都需要些什么，而要想使竞争更有成效需要如何去做。所以调查研究市场成为营销人员需要进行的第一个工作。

第二个"P"是"细分"（partitioning）。所谓细分就是把市场分成很多部分，每一个市场上都有不同的顾客群体，而这些顾客群体都有自己的生活方式。比如：顾客需求的商品不同；不同的顾客对商品价格有不同的要求等。而细分就是为了区分不同类型的买主，这样可以做到有的放矢。

如果企业无法做到满足所有顾客的需求，那么就要尽可能满足大部分人的需求，这就需要第三个"P"是"优先"（Prioritizing）。对企业来说，必须弄清楚那些顾客是最重要的，而主要的消费群体是那些。只有这样，才能制定相应的市场战略。

第四个"P"是定位（Positioning）。所谓定位就是企业必须在顾客心目中树立某种形象，让大众对企业品牌非常熟悉。例如，"奔驰"牌汽车声誉是非常好的，这说明它的市场定位非常高；而另一种汽车声誉不好，就是说它的市场地位较低。所以，在推销自己的产品之前，企业一定要明确自己应在顾客心目中为自己的产品树立的形象。当对产品进行定位之后就可以将其运用到战术4Ps上。另外，也要根据实际情况作出相应的调整。

在科特勒看来，还应该有第 11 个"P"，他称之为"人"（People）。而这个 P 贯穿于市场营销活动的全过程，是实现前面 10 个 P 的成功保证。该 P 将企业内部营销理论纳入市场营销组合理论之中，主张经营管理者了解和掌握职工需求动向和规律，解决职工的实际困难，只有满足了人的需求，才能激发员工的积极性，最终实现营销战略的转变。

三、4Ps 逐渐被 4Cs 所取代

　　现代意义的市场营销思想最初始于 20 世纪初。从 20 世纪 50 年代开始，消费时代来临，营销环境和市场研究成为热点，"市场细分"的概念开始浮出水面。20 世纪 60 年代以后，行为科学的研究方法大量引入到市场学的研究当中，为消费者行为学的研究注入了新的活力，如对消费者态度与使用的研究，对社会阶层、家庭结构与消费行为的研究等。伴随着行为科学对营销实务的介入，市场营销中的 4Ps 理论应运而生。20 世纪 70 年代末，随着服务业的兴起，服务营销为服务业提供了思想和工具，也为制造业开拓了新的竞争领域。20 世纪 80 年代，顾客满意度的研究开始流行，而顾客满意与顾客对品牌或者公司的忠诚度密切相关。20 世纪 80 年代另一个流行的概念是品牌资产，作为公司的无形资产，它往往构成公司最有价值的资产。

　　4Ps 的提出奠定了 20 世纪中叶以来营销管理的基础理论框架，该理论以单个企业作为分析单位，认为影响企业营销活动效果的因素有两类：一是企业所不能控制的外部环境因素，包括经济环境、社会文化环境、政治法律环境以及科技自然环境等；二是企业可加以控制的因素，如产品、定价、分销、促销等营销因素。按照这一理论，企业营销活动的实质是利用内部可控因素适应外部环境的过程，即通过对产品、价格、分销、促销的计划和实施，对外部不可控因素做出积极、动态的反应，从而促成交易的实现和满足个人和组织的目标。所以，市场营销活动的核心在于制定并实施有效的市场营销组合。

　　从 20 世纪 70 年代以来，随着世界范围内服务业的发展，特别是"大市场营销"概念的出现，"P"的概念在不断增加；而当营销战略规划变得异常重要的时候，科特勒又提出了战略规划中的 4P 过程，即诊断（probing）、市场划分（partitioning）、定位（positioning）、优化（prioritizing）。

此后，市场营销组合当中的"P"字游戏一直在延续着，原来的4Ps模型不断得到充实，在每一个营销组合因素中又增加了许多的子因素，分别形成产品组合、定价组合、分销组合、沟通和促销组合。这四个方面每一个因素的变化都会要求其他因素相应变化。正是这种变化无穷的营销组合体系，推动着市场营销管理的发展和营销资源的优化配置。

随着消费者个性化的日益突出，市场竞争日趋激烈，媒介传播速度越来越快，到20世纪80年代，美国劳特别提出了4Cs营销理论，传统的4Ps开始逐渐受到现代4Cs的挑战。

4Cs分别指Customer's wants and needs（顾客的需要）、Cost（成本）、Convenience（便利）和Communication（沟通）。首先，企业必须了解和研究顾客，根据顾客的需求来提供产品。同时，企业提供的不仅仅是产品和服务，更重要的是由此产生的客户价值。其次，成本不单是企业的生产成本，或者说4Ps中的价格，它还包括顾客的购买成本，同时也意味着产品定价的理想情况，应该是既低于顾客的心理价格，亦能够让企业有所赢利。此外，这中间的顾客购买成本不仅包括其货币支出，还包括其为此耗费的时间、体力和精力以及所承受的购买风险。再次，便利即是为顾客提供最大的购物和使用便利。4Cs理论强调企业在制定分销策略时，要更多地考虑顾客的方便，要通过好的售前、售中和售后服务来让顾客在购物的同时也享受到便利。便利是客户价值不可或缺的一部分。最后，沟通被用以取代4Ps中对应的促销。4Cs认为，企业应通过同顾客进行积极有效的双向沟通，建立基于共同利益的新型企业（或顾客）关系。这不再是企业单向的促销和劝导顾客，而是在双方的沟通中找到能同时实现各自目标的通途。正是基于这一点，网络环境和电子商务技术的迅猛发展，加速了营销策略组合模式从4Ps到4Cs的演变进程。

总起来看，4Cs营销理论注重以消费者需求为导向，与以市场导向的4Ps相比，4Cs有了很大的进步和发展。但从企业的营销实践和市场发展的趋势看，4Cs依然存在不足，主要表现在为忽视市场经济所要求的竞争导向，无助于形成不同企业的营销个性或营销特色，在兼顾顾客需求的合理性和企业成本方面有待找到理想的平衡模式，没有解决满足顾客需求的操作性问题，如提供集成解决方案、快速反应等。4Cs 总体上虽是 4Ps 的转化和发展，但被动适应顾客需求的色彩较浓。根据市场的发展，需要从更高层次以更有效的方式在企业与顾客之间建立起有别于传统的新型主动性关系，如互动关系、双赢关系、关联关系等。

　　从"4Ps"到"4Cs"这种过渡的背后其实隐藏着这样一个事实：企业的市场营销行为将更多地从站在卖方角度的"4Ps"向站在买方角度的"4Cs"转变。新的市场营销组合策略认为，先把产品搁到一边，赶紧研究消费者的欲望和需求，不要再卖公司所能生产的产品，而要卖客户想要购买的产品；暂时放弃主观的定价策略，公司应了解消费者为满足其需求所需付出的成本；公司还应放弃已成定势的渠道策略，而应优先考虑如何向消费者提供便利以购得商品；最后，用沟通来代替促销。可以预言，未来市场上的赢家将是那些能够站在客户的角度为客户提供更多满意或是超越客户满意的企业，这也是市场营销组合新理论的真谛所在。

第16章

整合营销传播

一、整合营销传播理论发展的过程

整合营销传播理论（Integrated Maketing Communication，IMC）缘于组织对适应已经变化了的和正在变化着的市场环境的需要。开始时，整合营销传播的重点是如何通过各种传播活动（如广告、公共关系、直邮等）创造一个统一的组织形象，也就是营销人员希望能为其组织和品牌创造"一种形象和一个声音"。但是，理论的进一步发展，IMC 已经涉及了更为广泛的领域，并变得更为复杂。整合营销传播理论已经被很多的企业所应用，成为一种可有效指导人们营销实践的理论工具。整合营销传播理论的发展过程可分为四个阶段。

1. 孕育阶段

20 世纪 80 年代以前。密歇根大学教授杰罗姆·麦卡锡 1960 年提出了 4P 理论。4P 理论的提出最为有价值的地方在于它把营销简化并便于记忆和传播，这一理论的提出本身就体现了人们开始把营销的一些要素综合起来去研究现代营销。由于服务业在 20 世纪 70 年代迅速发展，传统的组合不能很好地适应服务业的需要，有学者又增加了第 5 个 "P"，即 "人"（People）；又因为包装在包装消费品营销中的重要意义，而使 "包装"（Packaging）成为又一个 "P"；20 世纪 70 年代，菲利普·科特勒在强调 "大营销" 的时候，又提出了两个 "P"，即公共关系（Public Relations）和政治（Politics）。在 20 世纪 70 年代，当营销战略计划变得重要的时候，菲利普·科特勒又提出了战略计划中的 4P 过程，即研究（Probing）、划分（Partitioning）即细分（Segmentation）、优先（蹦 oritizing）、定位（Positioning）。

20 世纪 70 年代的定位理论的本身就意味着企业应围绕自己的定位来进行组织传播活动，通过 "统一的形象、统一的声音" 来实现和强化产品的定位。因此，定位论不仅以更大的创意提供了新的思路和方法，而且成为整个营销活动的战略制高点，是决定诸多策略的出发点和依据。这些同样为整合营销传播思想的产生提供理论基础。

2. 产生阶段

20 世纪 80 年代。在 20 世纪 80 年代，整合营销传播理论研究的重点在于对这一理论进行描述和定义，并把整合营销传播放在企业营销战术的角度上去研究，研究的出发点仍然是站在企业的角度上来考虑。企业对整合营销传播也持有一种狭义的观点，把它当做协调和管理营销传播（广告、销售推广、公共关系、人员销售和直接营销），保持企业信息一致的一种途径。

本时期整合的另一个特点是跨职能。不同的组织使用不同跨职能形式，其潜在的目标是为了获得更好的能力。这种能力不仅包括管理单个的传播活动，也包括如何使各种活动显得更有生气并获得协同效应。有时候，营销传播部门要建立由广告专家、公关专家及其他传播领域的专家组成的跨专业小组。这些小组要负责特定的产品多媒介多维度的传播活动。另一种方法是对各个传播媒介的雇员进行培训，从而使该部门的每个人都精通最有效的实施方法及各种传播渠道的运用战略。

3. 发展阶段

20 世纪 90 年代。自 20 世纪 80 年代后期形成以来，整合营销传播的概念和结构已经有了很大的变化。到 20 世纪 90 年代，已经形成许多清晰的、关于整合营销传播的定义。AGORA 公司作为 APQC（美国生产力与质量中心）研究的主题专家，提出了以下一个更为清楚的、关于整合营销传播实践操作的定义：整合营销传播是一个业务战略过程，它用于计划、制定、执行和评估可衡量的、协调一致的、有说服力的品牌传播方案；它以消费者、顾客、潜在顾客及其他内部和外部的相关目标为受众（APQC 标杆研究，1997）。20 世纪 90 年代整合营销传播理论的发展主要表现在以下几个方面。

（1）理论界开始把营销和传播紧密结合在一起进行研究，4C 理论成为整合营销的支撑点和核心理念。整合营销传播开始强调营销即传播，运作应摆脱粗放的、单一的状态，走向高效、系统和整体。美国营销传播学专家特伦希·希姆普甚至提出"20 世纪 90 年代的营销是传播，传播也是营销。两者不可分割。"随着消费者个性化日益突出，加之媒体分化，信息过载，传统 4P 理论逐渐被 4C 理论所取代。

（2）将"关系利益人"这一概念引入整合营销传播理论的研究体系。随着整合营销传播理论的发展，逐渐产生了一种更成熟、更全面、更彻底的观点，把消费者视为现行关系中的伙伴，把他们作为参照对象，理解整个传播体系的重要性，并接受他们与企业或品牌保持联系的多种方法。科罗拉多大学整合营销传播研究生项目主任汤姆·邓肯引入了"关系利益人"的概念来进行研究整合营销传播，他认为整合营销传播是指企业或品牌通过发展与协调战略传播活动，使自己借助各种媒介或其他接触方式与员工、顾客、投资者、普通公众等关系利益人建立建设性的关系，从而建立和加强他们之间的互利关系的过程。

4. 成熟阶段

21 世纪。整合营销传播理论远远没有成熟，进入 21 世纪，随着营销实践发展和传播工具的创新，人们相信整合营销传播理论会走向成熟和完善。人们无法凭空给整合营销的明天描绘出一个清晰的蓝图，但是一个成熟的整合营销传播理论应该具备以下几个特征。①更具有操作性。一个成熟的理论应该能够更好地、有效地指导人们的实践活动，才能算是一个成熟的理论。②能够有效地监测和评估绩效，运用技术来测量和评估传播规划对传播者们来说是一个巨大的挑战。的确，像数据库形式、收人流测量等技术的使用使得大多数传播专业人员面临许多问题，它对人们的历史、工具方法、经验和管理能力都形成了挑战。

二、摆脱粗放、单一，走向高效、系统

1. 整合营销传播的特征

在之前的企业营销中，"消费者请注意"是他们的广告主题语；而在当代整合营销传播活动中，"请注意消费者"已经成为厂商的座右铭了。可见，在市场营销体系中，消费者已经成为中心和主体。当代整合营销传播的特征如下。

（1）在整合营销传播中，消费者处于核心地位。

整合营销传播改变了传统营销传播的思维，产品为中心的观点已经被以受众为焦点的观念取代了。在整个营销传播过程中，其核心为消费者。

（2）对消费者深刻全面的了解，是以建立资料库为基础的。

要想使营销传播起到长久的作用，需要建立厂商与消费者双向沟通的系统。而建立这种系统的最佳方式就是利用许多不同形式的资料库来整合营销传播策略。所谓资料库就是从各种不同的渠道获取消费者行为资料，而这些资料是整合营销传播策略的基础，同时也是整合营销传播成功的关键。

（3）整合营销传播的核心工作。

培养真正的消费者价值观，与那些最有价值的消费者保持长期的紧密联系是整合营销传播的核心工作。

在企业发展过程中一定要培养忠诚于自己的消费者，只有这样，企业才会有广阔的发展前景。

（4）以本质上一致的信息为支撑点进行传播。

无论企业采用何种媒体进行传播，其产品或服务的信息一定得准确而且还要一致。整合营销传播要求用营销传播的力量集中传达企业或产品的统一形象，以达到在消费者中建立品牌网络的目标。整合营销传播的目标是综合传播效果。因此，强调各种传播工具的组合应用，产生一种统一的传播实效，需要各种因素的协同作用。

（5）以各种传播媒介的整合运用手段进行传播。

凡是能够将产品的相关信息传递给消费者或潜在消费者的过程与经验都被视为可以利用的传播媒介。要想整合营销传播需要根据实际传播的需要，综合、有效、多元化地应用各种传播工具，传播企业或品牌的信息，只有这样才能保证传播的最好效果。

2. 整合营销传播的原则和发展层次

（1）整合营销传播的基本原则

①由外而内的观念。整合营销传播不是以信息发送者到信息接收者的单向传播方式，而是以信息发送者到信息接收者的双向方式构造传播战略。利害关系者是整合营销传播战略的基础，在制定战略的时候一定要考虑利害关系。

②重视利害关系者行为。整合营销传播的实施起始于以企业的传播接触经验为基础去了解利害关系者的有关情况。营销传播管理者根据已掌握的利害关系者行为规律资料可以比较正确地预测他们下一个行为。

③双向传播。整合营销传播采用多种方法来构筑与利害关系者的双向沟通，如对方付费、资料申请单等，通过对这些信息进行整合可以制定下一个传播途径，通过这种反复循环的过程，企业可以和利害关系者建立长期的良好关系，实现共赢。

（2）整合营销传播的发展层次

①认知整合的需要。认知整合的需要是最为基础的形式，它只要求营销人员了解整合营销传播的需要。

②形象整合。第二步是确保信息/媒体一致性的决策。所谓"信息/媒

体一致性"是指一则广告的文字与视觉要素间达成的一致性以及在不同媒体载具上投放广告的一致性。通俗点来说就是图像要强化和补充文字的信息。虽然在制作广告的时候都会有很多差异，但是为了适应某个媒体载具的编辑功能或节目内容，它必须与其他媒体载具投放的广告一致。

③协调的整合。发展的更高一层是协调的整合，也就是人员推销功能与其他营销传播要素直接整合在一起。简言之就是推销人员所说的内容必须与广告内容一致，但前提是二者进行协调。

④功能整合。功能整合是非常必要的。所谓"功能整合"是指把不同的营销传播方案编制出来，作为服务于营销目标的直接功能。功能整合之前要分析每个营销传播要素的优势和劣势，最终使其为了达到某个特定的营销目标而整合在一起。

⑤基于风险共担者的整合。基于风险共担者的整合是指营销人员应认识到目标消费者不是本机构应该传播的唯一组群，其他共担风险的经营者也应该包含在总体的整合营销传播之内。

⑥基于消费者的整合。所谓基于消费者的整合是指在整合营销传播过程中，营销策略必须在了解消费者的需要和欲求、锁定目标消费者并给产品定位后才能策划。只有这样，才能使商品真正符合消费者的需求。

⑦关系管理的整合。在传播过程中，要向不同的风险共担者做出有效传播，同时还要制定发展战略。这些战略不只是营销战略，还有制造战略、工程战略、财务战略、人力资源战略及会计战略等，通俗点来说，就是为了加强与组织风险共担者的关系，所有的部门必须做出相应的协调或者是变动。

三、整合营销强调"营销"即"传播"

IMC 理论是一种比较新的营销理论，学术界关于它的定义至今还未达成共识。比较有代表性的解释有两种：IMC 理论的发源地——美国西北大学的研究组把 IMC 定义为："IMC 是把品牌等与企业有联系的所有接触点作为信息传达渠道，以直接影响消费者的购买行为为目标，从消费者出发，运用所有手段进行有效传播的过程"；而舒尔茨则把 IMC 定义为："IMC 是一个战略经济过程，用于在与消费者、顾客、潜在顾客和其他相关的内外部受众交往的过程中计划、发展、执行和评估协同的、可测量的、有说服力的品牌传播过程。"虽然上述两种定义角度不同，但都反映了以下共同特征。

- 消费者处于核心地位，企业一切传播活动都要围绕消费者展开。
- 要想对消费者有全面而深刻的了解，必须以建立资料库为基础，对以往的传播活动进行记录，尽可能利用消费者的行为资料作为市场分析的依据，进而从消费者反应中分析判断出消费者的行为资料。
- IMC 以本质上一致的信息为支撑点，以各种传播媒介的整合运用为手段进行传播。企业不管利用何种媒体，其传播的信息必须明确一致。
- IMC 不仅包括面向企业外部的对外传播，也包括面向企业组织内部的对内传播。企业通过计划、调整、控制等管理过程，对各种企业传播活动进行有效的、阶段性的整合。IMC 反映了企业经营的整体水平。

自 1996 年 IMC 引进中国，大江南北整合之声震耳欲聋，整合一词在中国这片土地上成为时尚用语，言必整合。IMC 成为广告界与营销界议论的一个焦点，业界人士纷纷发表文章、著书立说，大力宣传推广 IMC 理论。与此同时，诸多广告公司或营销咨询公司也纷纷打出整合牌。确实，IMC 理论是中国广告业继 CIS、品牌定位理论之后最具革命性的营销理论。虽然学院派和实践派就 IMC 理论讨论了近十年的时间，但也没有在 IMC 的定义和它给营销者所带来的利益上达成共识。因此，深入理解 IMC 理论及如何有效操作 IMC 对国内营销学者和实践者而言仍是"值得咀嚼的橄榄"。目前，中国对于 IMC 的尝试和运作归纳起来主要有以下几种类型。

1. 以广告为主，其他沟通元素组合运用

这些沟通要素包括产品要素（产品的包装、品牌、价格）、渠道要素以及沟通要素（主要是非人员的沟通要素），包括广告、销售促进、公共关系、销售现场广告及直接信函等，这类案例在目前的整合营销案例中占

60% 以上。其运作特点是短期性、时效性和低成本，它为本土中小企业在产品推广时所采用，也往往由本土广告公司策划、运作。该类型虽然具有比较规范的运作流程但缺乏精确性。这一运作模式在 1998 年、1999 年 IMC 理论进入中国不久曾取得过骄人的成绩，但随着市场的日益成熟和竞争的加剧，这一运作模式的成功机会在减少。

2. 品牌的整合化传播

品牌的整合化传播是指采用广告、直效行销、公共关系和网络等不同的传播方式向目标受众传达同一的信息，追求形象上传达的一致性。但由于各种传播手段的传播效果都没有完整明确的测定体系，因此很难有效实施。所谓整合只是多种媒体的协调运用，载体信息的设计以不抵触品牌或企业的定位为原则。在这一传播模式中广告的作用逐渐弱化，而销售促进、公共关系和销售现场广告甚至体育赞助都有可能成为品牌与目标消费市场主要的沟通方式。目前大量知名品牌在中国内地的传播主要采取这种整合传播模式，这类案例约占30%。

3. 关系型整合营销传播

这种 IMC 的目的是促使目标市场或潜在的目标市场与品牌建立长久的关系。企业传播方式的选择和运用完全取决于品牌定位与目标市场，并且一旦确定就不轻易更改，与品牌的营销和经营管理有机地融合在一起。具体来讲，可以通过会员或俱乐部的形式建立顾客数据库，通过 POS 系统迅速了解产品销售与顾客信息，整个企业或品牌的经营管理以一套有效的信息循环系统为基础。目前采用这种 IMC 模式的企业或品牌还不是很多，主要集中于高端市场，如化妆品、家居等市场。

4. 全方位的整合营销传播

中国移动就是最典型的例子，中国移动和奥美合作通过运用 IMC，在移动内进行了大规模的组织改造，综合运用各种传播方式和渠道，充分利用可以利用的资源取得了较好的宣传和营销效果。

IMC 是一种由外而内的实施方法，其所谓的整合不仅指对各种媒体的综合运用，也指在营销沟通中选择最适合自己的传播沟通形式。因此，大众媒体传播运作未必是每个企业的最佳传播手段，对于很多产品来说还可能是成本最高的一种手段。企业要在保持各种沟通渠道协调一致的整合过程中，努力寻找、选择属于自己的最佳传播沟通手段。比如，位居世界500强零售业的沃尔玛公司、新技术领域的微软公司以及日化行业的安利公司等，其基本沟通传播渠道显然就不是大众传媒和广告。找到属于自己的最佳沟通传播形式，并以此为主导与其他沟通传播形式完整结合，进而达成与消费者稳定的关系，实现在营销中传播、在传播中营销，这才是IMC的根本所在。

IMC毕竟是舶来品，怎样结合中国本土市场重新审视IMC的理论及实践，建构有中国特色的IMC理论框架，从而有效地指导本土的整合营销实践是值得我国业内人士思考并亟待解决的问题。

第*17*章

关系营销——回归到人

一、1985 年，芭芭拉·本德·杰克逊强调关系营销的重要性

1. 关系营销的提出

事实上，营销活动是一个企业与消费者、供应商、分销商、竞争者、政府机构及其他公众发生互动作用的过程，建立和发展与这些公众的良好关系是营销活动的中心。在 1985 年，巴巴拉·本德·杰克逊提出了关系营销的概念，这标志着人们对市场营销理论的研究上了一个台阶。关系营销理论使杰克逊成为了美国营销界的热点人物，无论是对经济还是文化，他的研究都非常深入。

2. 关系营销的理论基础

巴巴拉·本德·杰克逊认为"关系营销就是指获得、建立和维持与产业用户紧密的长期关系"。

建立与被咨询企业的良好关系是咨询业营销的核心，只有这样，才能不断获利。咨询业营销不仅强调与客户建立良好的关系，更强调维护这种良好的关系。因为客户对管理咨询的需求是持久的，只有保持与客户的良好关系，才能对客户有深入的了解，进而制定相应的服务措施。所以，咨询业营销是一种关系营销，而且这种关系是互动的。在进行咨询服务之前，客户要了解咨询公司的实力，同时，咨询公司也要对客户的具体情况有较为深入的了解。只有这样，才能做到具体问题具体分析，做到有的放矢；在咨询过程中，表现为咨询公司对客户的具体诊断过程；在方案执行过程中，表现为咨询公司对咨询产品提供的服务；在方案执行后，表现为咨询公司对方案执行效果的监控。在以上的这些阶段中，所有的事情都需要二者进行双向互动。

具体到如何与客户建立紧密的伙伴型关系，咨询业营销的顾客服务是关系营销的基本手段。在营销的过程中要充分利用现有资源，同时为客户提供好的服务，只有这样才能保持良好的合作关系。就被咨询企业来讲，一流的服务不仅是指为客户提供好的咨询产品，而且也要有相应的配套服务，包括咨询前、咨询中及咨询后的一系列服务。最后，一流的服务还要求咨询公司开展顾客教育，这项教育可以使顾客从之前的盲目消费变为自觉消费，最终为建立稳定的顾客队伍创造条件。例如，对客户进行行业发展趋势的培训。咨询公司还可以为重要的客户设立专门的关系经理，经常与客户进行深入的交流，甚至可以到客户公司工作一段时间，这样可以为更加亲密关系的建立创造条件。

3. 关系营销理论产生的背景

关系营销并不是凭空产生的，它是从"大市场营销"概念衍生发展而来的。1984年，科特勒提出了所谓的"大市场营销"概念，提出这个概念的目的就是解决国际市场的进入壁垒问题。在传统的市场营销理论中，企业外部环境是被当做"不可控因素"来对待的，这意味着当企业在国际市场营销中面临各种贸易壁垒和舆论障碍时，没有任何解决办法。因为在贸易保护主义盛行的今天，传统的4Ps组合策略无法打开市场。要打开封闭的市场，企业除了需要运用产品、价格、分销及促销四大营销策略外，还必须有效运用两种营销工具，即政治权力和公共关系。这种策略思想称为大市场营销。虽然关系营销概念直接来自科特勒的"大市场营销"思想，然而，它的产生和发展还受到了其他因素的影响。

从 20 世纪 80 年代开始，关系营销得到了较为迅速的发展，关于营销的具体内容，不同的学者提出了不同的意见，如贝瑞率先提出和讨论了如何维系和改善同现有顾客之间关系的问题。随后，杰克逊提出要与不同的顾客建立不同类型的关系。而北欧诺迪克学派的代表人物葛劳罗斯、舒莱辛格和赫斯基则论证了企业同顾客的关系对服务企业市场营销的巨大影响。如今，人们对营销学的讨论已经不局限在单纯的顾客关系中，它扩展到了企业与供应商、中间商、竞争者、政府、社区等的关系。随之也有很多市场被开拓出来，如供应商市场、内部市场、竞争者市场、分销商市场、影响者市场、招聘市场等。

二、关系营销强调的是营销过程中的关系

1. 关系营销的概念

随着社会的发展，特别是竞争的日益激烈和市场营销组合策略的广泛运用，人们发现许多精心策划的营销策略难以达到预期的目的。人们逐渐认识到，企业是整个社会经济大系统中的一个子系统，企业营销目标的实现要受到整个社会经济大系统的诸多要素及其关系的影响。关系营销以系统的思想来分析企业的营销活动，认为企业营销活动是企业与消费者、竞争对手、供应商、分销商、政府机构和社会组织相互作用的过程，市场营销的核心是正确处理企业与这些个人和组织的关系。

菲利普·科特勒认为，关系营销旨在与企业的重要伙伴建立长期、互惠互利的关系，从而获得和保持业务。关系营销的四个关键伙伴是顾客、员工、营销伙伴（渠道、供应商、分销商、经销商和代理商）以及金融界人士（股东、投资人、分析师）。营销者必须尊重这些人的利益诉求，并

制定政策和战略来平衡所有重要相关者的回报。为与这些成员建立良好的关系，企业需要了解他们的能力、资源、需求、目标和期望。

摩根和汉特用承诺与信任理论来揭示关系营销的本质，他们提出了一个新的定义："关系营销指所有旨在建立、发展和维持成功的关系交换的营销活动"。他们特别强调了关系交换与非连续交易之间的区别。非连续交易以实物交换为基础，有明确的开始与结束，且持续时间很短；关系交换以无形东西（如感情、承诺、信任等）的交换为基础，可以追溯到先前交换双方的活动，反映一个持续的过程，且持续的时间较长。

顾术森认为，关系营销是一种把营销看做关系、网络和互动的企业经营活动意识。按照他的说法，关系是两个或更多人之间的联系，网络是关系的集合，而互动是人们在关系和网络中相互影响的活动。只有从"关系、网络和互动"的角度来认识营销时，才能更深刻地认识营销的本质，有效的关系营销就是以这种"关系、网络和互动"的意识促成各种关系的协调发展。

格鲁罗斯将关系营销目标描述为：在适当的情况下，识别和建立、维持和增进同消费者和其他利益相关者的关系，同时在必要时终止这种关系，以利于实现相关各方的目标，这要通过相互交换及各种承诺的兑现来实现。

我国学者对于关系营销的定义一般是关系营销是指在企业与其利益相关者之间——如供应商、顾客、经销商、竞争者、社区和员工之间构筑、发展和维护长期的、有成本效益的交换关系，从而谋求共同发展。

2. 关系营销的特点

与传统的交易营销相比，关系营销应用战略营销理论把企业的经营活动扩展到一个更广、更深的领域，具有以下特点。

（1）强调顾客忠诚。

关系营销的中心是顾客忠诚。忠诚的顾客是企业赖以生存和发展的重要而长久的资源。因此，营销活动的重点应为顾客关系的维持和发展。实际上，吸引新顾客的成本远远高于保持老顾客的成本，所以应将足够的企业资源分配到与顾客保持关系的营销活动中，从而建立长期的顾客关系，而不是仅仅满足于与顾客进行短期的成功交易，获取短期的经济效益。

（2）系统市场。

关系营销的结构是系统市场。传统的营销活动指向的是单一的顾客市场，关系营销的市场结构是一个系统。培恩认为关系营销有六大市场：顾客市场、供应者市场、内部市场、相关市场、影响者市场和就业市场。

顾客市场处于中心地位，企业在其他市场上的关系营销活动都是为了更好地满足顾客的需求。然而，在激烈的市场竞争中，要想比其他企业更有效地服务顾客市场，就必须处理好与其他市场的关系。关系营销偏重于保持顾客活动，注重顾客价值和长期效果，强调高质量的顾客服务，鼓励顾客参与和与顾客接触，强调全员质量观。

相关市场指那些中介组织，如批发商、零售商、其他各类型的分销商、代理商以及广告商、银行、相关市场调研机构等中介组织。这些中介组织除了帮助企业进行正常的交易以外，与那些忠诚的顾客一样，也常常是未来交易的来源。处理好与它们的关系，不仅有利于企业稳定现在的客源，而且它们还能够带来新的客源。

供应者市场指原材料、零部件或产品的供应商。传统理论更注重供应者与购买者之间讨价还价的对立关系，关系营销则注重二者的合作关系，即通过合作达到双赢的局面。

就业市场指那些有能力的待聘人员。企业要吸收的是优秀人才，而优秀人才又是稀缺资源，企业必须吸收有实力的优秀人才为企业所用，为企业创造更大的财富。

影响者市场指政府部门、法律部门、社会团体和一些投资基金等。企业所处的行业不同或发展阶段不同，所面对的影响者市场也是不同的。影响者会对企业的发展起到支持或限制作用。对影响者市场的关系营销主要是处理好与那些对企业影响较大的影响者之间的关系，以获取最大限度的支持，避免可能发生的各种各样的限制。

内部市场指企业内部的人员和部门，他们互为供应者和顾客。内部关系营销的目的，一是保证每一个人和部门都既是高质量服务提供者，又是高质量服务的接收者；二是保证所有人员都联合起来，为实现企业目标，执行企业战略而服务。

（3）协同合作。

关系营销以协同合作为基础。关系营销非常重视与顾客、供应商甚至竞争者建立长期的、彼此信任的互利关系，这些关系表现为顺应、互助与合作。企业与顾客之间保持良好的合作关系，而且企业与企业之间的长期合作关系有助于企业的稳定发展。因此，关系营销的宗旨是从追求每一笔交易的利润最大化转向追求各方利益关系的最优化。通过与企业营销网络中各成员建立长期、良好、稳定的伙伴关系，来保持更多有利的交易，从而保证销售额和利润的稳定增长。关系双方为了达到对各方都有利的共同目标的彼此相互配合、联合行动，协同完成某项工作。协同、合作的关系状态，实质上是一种协调状态，彼此相互适应、相互顺从、相助互利、和谐一致。因此，协同和合作是一种保持集体性状态和趋势的条件，使营销系统及关系具有整体性、稳定性，因而是关系营销的基础。

（4）情感沟通。

关系营销是一种情感交流和沟通的过程。关系本身是信息和情感交流过程而产生的某种联系。人的客观存在和人的相互交往发生关系，是人活动的产物。在关系营销中，企业与顾客以及其他客体之间相互传递信息和情感。这些信息和情感对于关系的维持和变化产生作用，从而影响到营销。良好的关系可以保证营销渠道的畅通，而恶化的关系会造成营销渠道的阻滞，或使营销通路完全堵塞。

（5）双赢目标。

关系营销是以双赢互利为导向的。在人类社会不断发展的今天，企业的营销是一种"社会营销"。企业既是经济"细胞"，也是社会实体，不仅要为本身的目标而奋斗，更要在社会的公众利益和需要的框架内活动。因此，关系营销在协同合作的基础上，与各方产生关系并通过产品或服务以获得在利益上的互补。因此，关系营销中双方或多方的导向是利益共同点，是大家在共同利益的实现过程中最大化地实现各自的利益。

3. 关系营销的运作要点

关系营销的运作要点主要包括5个方面：建立支持性的企业文化、树立营销的观念、了解顾客的期望、完善客户数据库、建立新的组织结构及报酬机制。

（1）建立支持性的企业文化。

关系营销代表着营销行为的改变，然而企业的任何改变都会威胁公司中原来一些成功的职位。例如，关系营销的实施可能意味着公司将雇用"客户管理者"而不是"销售主管"。管理客户与销售主管所承担的任务是截然不同，它需要不同的能力和技巧，其报酬结构也可能有所不同。现有销售队伍的成员可能会感到变化带来的威胁，并对此产生抵触，因此企业必须建立支持这一变化的企业文化。

（2）各部门都要树立营销的观念。

只是建立保证关系营销顺利实施的企业文化是不够的，企业还应该实施内部市场营销，把企业的内部部门也当做真正的顾客来看待，鼓励各个部门确立自己的内部顾客及供应商，并能就期望的服务水平与他们进行明确的讨论，制定出企业内部的营销沟通策略，并针对目标监控绩效。其根本原则是，由原来的只有直接面向顾客的部门注重营销策略转变为各支持部门也要树立营销的观念。

（3）了解顾客的期望。

采用关系营销的企业和采用传统营销的企业相比，了解顾客的期望显得更为重要。企业要努力使自己更接近目标顾客，使顾客参与到"关系"中来，提供能够满足他们特定期望的产品或服务的质量。

（4）完善客户数据库。

数据库营销与关系营销有着密切的联系，数据库营销是一对一营销的一种成熟模式，在这种模式下，企业依托有关顾客的详细信息建立起数据库，然后再利用这个数据库与顾客进行个性化的交流，在了解顾客独特需求的基础上为顾客提供服务。顾客信息在关系营销中也得到了广泛的应用，特别是在顾客维护和顾客利润率的分析上应用得更多，有利于提高顾客的忠诚度。

（5）建立新的组织结构及报酬机制。

传统的交易型营销中，销售团队的任务是获得订单，企业根据人们在完成这种任务中的能力和技巧来招聘销售人员，销售队伍的报酬在很大程度上是根据赢得新业务的多少而定的。销售主管的主要任务是要销售，而不是要与顾客保持更长期的关系。然而，关系营销的要点是，注重买卖双方的关系，而不是注重个别交易。培养顾客与企业的关系需要对销售团队进行不同的招聘培训，需要不同的报酬机制，报酬不应只建立在达到销售新业务的目标之上，还应建立在对客户信誉的保持以及客户关系的发展之上，显然这要比"售出的单位产品"难以衡量得多，但是一个只强调"售出的单位产品"的机制是不能与关系营销的战略相兼容的，因此必须建立新的组织结构及报酬体系。

三、关系营销的特点

1. 关系营销的系统

（1）一级关系营销。

一级关系营销称为频繁市场营销或频率营销。这一阶段的营销层次最低，维持关系的主要手段是利用价格刺激，给目标公众增加财务利益。尽管这些奖励计划能够树立顾客偏好，但是通常不能长久地保持这种差别化优势，因为这些很容易被竞争者模仿。

以关系为核心发展顾客的方式，使一些促使顾客重复购买以及保持顾客忠诚的战略计划应运而生，频繁市场营销计划即是其中一例。所谓频繁市场营销计划，是指对那些频繁购买以及按稳定数量进行购买的顾客给予奖励的政策。如香港汇丰银行、花旗银行等通过它们的信用证设备与航空公司开发了"里程项目"计划，按积累的飞行里程达到一定的标准后，共同奖励"飞机的顾客"。

在关系营销的第一阶段，顾客乐于和企业建立关系，原因之一是希望得到优惠和特殊照顾，如再购买折扣、以旧换新、积分卡等；原因之二是希望减少购买风险，如合理的退货保证制度、损失的经济补偿等。

（2）二级关系营销。

二级关系营销的出发点是增加社会利益，同时也附加财务利益。在这种情况下，营销在建立关系方面不是价格刺激，而是通过了解单个顾客的需要与欲望，并使其服务个性化和人格化，来增加公司与顾客的社会性联系。

建立顾客组织是二级营销的主要表现形式。通过顾客组织，企业给予顾客长期优惠和奖励，提供产品最新信息，定期举办联谊活动，加深顾客的情感信任，密切双方关系。有形的顾客组织包括正式和非正式的俱乐部、顾客协会等。无形的顾客组织是利用数据库建立顾客档案并进行分类管理。

（3）三级关系营销。

企业第三层次的关系营销是增加结构纽带，并附加财务利益和社会利益。结构性联系要求提供这样的服务：它对关系客户有价值，但不能通过其他来源得到。这些服务通常以技术为基础，并被设计成一个专门系统，而不是仅仅依靠个人建立关系的行为，进而提高效率和产出服务。

2. 关系营销的管理目标

现代企业开展关系营销的目的是要提高顾客忠诚度，和顾客达成一种良好的、互惠的关系。其目标主要包括：

（1）发现正当需求；

（2）满足需求并保证顾客满意；

（3）营造顾客忠诚环境。

3. 关系营销的实施过程

（1）组织设计。

企业在组织设计时必须做到组织内部结构的整合，在企业间建立各种联盟。企业间的联盟关系具有以下特点：边界模糊，关系松散，机动灵活，高效运作。

（2）资源配置。

关系营销要求企业进行资源配置时，充分利用企业的人力资源和信息资源，尽量达到资源最佳利用。企业的人力资源配置的措施有：部门间的人员轮换、人员提升、跨业务单元的团队和会议。

（3）关系障碍的消除。

现代企业开展关系营销往往会碰到许多障碍，影响营销效果。这些障碍的解决通常是通过企业文化的整合。关系营销的障碍主要有：利益不对称，失去自主权和控制权，片面的激励体系，担心损害分权。

关系各方面的差异会增加建立关系的难度，因为这种差异会产生交流上的问题。文化的融合，对于关系双方能否真正协调运行有着关键的影响。

文化融合是企业营销活动中处理各种关系的高级形式。不同企业意味着不同的企业文化，特别是当企业的基本战略不同时，推动差别化战略的企业文化也许能激励创新、发挥个性及承担风险；而成本领先的文化可能是节俭、纪律及注意细节。如果关系双方的文化相适应，则企业文化可以强有力地巩固企业与各合作者的关系，以寻求建立竞争优势。

（4）关系营销方法的应用。

①建立企业与顾客的紧密联系，依靠信息和网络技术实现两者互动。

企业通过采集和积累有关消费者各方面的信息，经过处理后利用计算机综合成有条理的数据库，然后在各种软件的支持下，产生企业市场营销活动所需要的各种详细、准确的数据，通过数据库的建立和分析，可以帮助企业更为准确地找到目标顾客群、降低营销成本、提高营销效率，并且可以为营销和新产品开发提供准确的信息。

②改变顾客的角色。

企业应摒弃把顾客当做讨价还价的对手这一旧观念，把顾客作为诲人不倦的老师、共同创造价值的伙伴。

③着眼未来，以真诚换忠诚。

企业除提供过硬产品外，还要加强服务工作，消除消费者购买后的风险，增加附加价值，动态地去看待关系，着眼未来，以真诚换忠诚。

第18章

网络营销——全新的一页

一、网络所引发的营销革命

20世纪90年代初，互联网取得了飞速发展，并得到了广泛的应用。世界各大公司纷纷利用因特网提供信息服务和拓展公司的业务范围，而且按照因特网的特点积极改组企业内部结构和探索新的营销管理方法，随之就产生了网络营销。

据相关资料显示：在1994年10月27日，美国著名的Hotwired杂志推出网络版Hotwired，其主页上开始有AT&T等14个客户的广告。而这标志着网络营销的开始。其后，亚马逊公司于1995年上线运营，开始在网上售书，之后很快扩展到销售其他各类商品，包括音乐CD、录像带、软件、消费电子产品、厨房用品、玩具、电子游戏产品、婴儿用品、卫生保健用品等。同年成立的eBay开创了一种新的销售模式——限时竞拍。eBay只提供一个平台，由消费者自行进行交易，并鼓励通过第三方平台进行支付。如此种种都标志着网络营销的迅速发展。

网络营销不仅是一场营销观念革命，同时它也属于一场经济革命。网络营销的出现促使企业积极利用新的技术和手段来改变企业的经营理念、经营组织、经营方式和经营方法，为企业提供了适应全球网络技术发展与信息网络社会变革的新技术和新手段，来适应整个市场的发展。事实上，网络营销的出现不是偶然的，它是很多因素综合作用的结果，如技术基础、观念基础和现实基础。

1. 技术基础

网络营销的技术基础主要是以计算机网络技术为代表的信息技术。计算机网络是现代通信技术与计算机技术相结合的产物，计算机将不同的地区结合在一个非常强大的网络中，在这个网络中，人们可以方便地互相传递信息，共享硬件、软件、数据信息等资源。与网络营销密切相关的计算机网络主要有包括互联网、外联网以及内联网在内的三种。

2. 观念基础

现在的市场竞争越来越激烈，市场正从卖方向买方转变，这标志着消费者主导的营销时代的到来。在买方市场中，消费者所面对的商品选择非常多，这必然会引起消费者心态的变化，主要呈现出以下几方面的特点。

（1）个性化消费的回归。

很多消费者之所以购买商品是因为有这种愿望，可见，购买商品的先决条件是心理认同。因为心理认同而消费已经成为一种时尚。

（2）消费主动性增强。

伴随产品种类的不断增多，消费者购买商品的风险也变得越来越大，对于企业的那种传统宣传模式产生了怀疑。而网络时代的到来可以使人们在相同条件下对各种商品进行比较，进而选择出让自己满意的商品，这样就减少了购物风险。

（3）对购物方便性的需求与购物乐趣的追求并存。

由于人们工作繁忙，生活的压力也越来越大，所以在购物的时候越方便越好，尽量节约时间和成本。如今，最为流行的一种购物模式是网上购物，它不仅节省了人们的时间，而且还提高了购物效率，同时还能保证人们与社会的联系，减少心理孤独感，满足他们的心理需求。

（4）价格依然是影响消费心理的重要因素。

无论企业营销活动的其他因素如何变化，价格仍然是影响消费者购物心理的重要因素。在市场竞争中，很多消费者为了吸引消费者的眼球，总是通过各种营销手段以各种差别化来减弱消费者对价格的敏感度，这虽然有一定的作用，但是也有很多弊端。无论营销技术多么先进，价格是消费者必然考虑的因素。因此，当价格变化幅度超过消费者的心理预期时，消费者的购物倾向也会发生变化。

（5）网络营销以消费者为导向，强调个性化的营销。

以消费者为主导是网络的最大特点。消费者拥有比任何时候都更大的选择自由，他们可以根据自己的个性特点和需求在全球范围内找寻满意的商品和服务，不受时间和地域的限制。当消费者进入自己感兴趣的网址或虚拟商店的时候，如果获取的商品信息让消费者感到非常满意，他们就会马上决定是否购买，这样能显示出网购的个性化。另外，企业也可根据消费者反馈的信息和要求，通过自动服务系统提供特别服务，满足消费者的需求。

（6）网络营销可以实现全程营销的互动性。

营销的核心在于满足消费者的需求，企业必须实行全程的营销，也就是必须从产品的设计阶段就开始充分考虑消费者的需求和意愿，然而，在现实生活中，这一点是很难做到的。之所以会这样是消费者与企业之间缺乏合适的沟通渠道，沟通成本过高。然而，随着网络的不断发展，企业可通过很多方式来让消费者了解更多的产品信息，如电子公告栏和电子邮件，同时，利用这种方式，消费者可以对产品的设计或者服务提出自己的意见。这种双向互动的沟通方式提高了消费者的参与性和积极性，更重要的是它能使企业的营销决策有的放矢，从根本上提高消费者满意度。

（7）网络营销可提高消费者的购物效率。

由于社会生活节奏在不断地加快，所以消费者用在商店购物的时间越来越短。人们希望把更多的时间利用在有益身心健康的活动中来。在传统的购物方式下，一个买卖过程需要花费特别多的时间。或许你有过这样的经历：你需要专门抽出时间来逛街买东西，但是利用网购，你不仅节省了时间，而且选择也呈现多样化。

（8）网络营销可以满足重视价格型消费者的需求。

网络营销不仅为企业节省巨额的促销和流通费用，而且降低了产品成本和价格。在全球范围内，消费者可以通过网络来寻找产品的最低价格，甚至可绕过中间商直接向生产者订货，这样就降低了购买成本。消费者迫切需要新的购买方式和服务，从而最大限度地满足自身需求。消费者价值观的改变，不仅使网络营销得以产生，而且还得到了需求满足。

3. 现实基础

商业竞争的日益激烈化是网络营销产生的现实基础。为了在市场竞争中占有一席之地，企业会想尽一切办法来吸引顾客。但市场竞争已不能仅依靠表层的营销手段的竞争，它已经演变成更深层次的经营组织形式上的竞争。企业的经营者通过各种变革来降低生产成本，缩短运作周期。企业开展网络营销，不仅可以降低店面租金，可以减少库存商品的资金占用，而且还能使销售不受任何场地的限制，便于采集客户信息，如此种种都可以提高企业的竞争优势。

二、全新的营销方式——网络营销

网络营销的产生不是偶然的，它是很多因素综合作用的结果。如科学技术的发展、消费者价值观的变革和商业竞争等，尤其是计算机网络的发展导致了信息社会内涵的转变。在信息网络时代，网络技术的应用不仅改变了信息的分配和接收方式，而且改变了人们的生活、工作和学习、合作和交流的环境。在网络新技术的推动下，企业也获得了飞速发展。网络营销是以互联网为媒体，以新的方式、方法和理念实施营销活动，使个人和组织交易活动更容易实现。在如此激烈的市场竞争中，企业该如何开展网络营销、占领新兴市场？对于消费者来说，网络营销也带来了消费者价值观念的变化。因此，随着消费者观念变化，企业转变经营策略是非常必要的。

1. 网络营销的概念

关于网络营销是什么，目前还没有统一的定义。之所以会这样，是因为它与许多新型学科一样，不同的研究者对其有不同的理解。由在2000年的一篇文章中，冯英健将网络营销定义为："网络营销是企业整体营销战略的一个组成部分，是为实现企业总体经营目标所进行的、以互联网为基本手段营造网上经营环境的各种活动。"

相关资料显示：在2002年1月出版的《网络营销基础与实践》（第1版）和2004年10月出版的《网络营销基础与实践》（第2版）中，也沿用了这一定义。与此同时，在其他很多书籍中也都引用这个定义，可见，其得到了社会的普遍认可。

2. 网络营销活动的内容

从以上定义中可以看出网络营销是企业整体营销活动的组成部分，从活动内容上来讲，网络营销包含了网络调研、网络消费者行为分析、网络竞争者分析、网络营销策略的制定、网络产品策略、网络价格策略、网络渠道策略、网络促销策略、网络营销管理与控制九个方面的内容，下面对其作一一介绍。

（1）网络调研。

所谓网络调研是指利用互联网技术进行调研。其大多应用于企业内部管理、商品行销、广告和业务推广等商业活动中。网络调研采用的方法主要有：E－mail法、Web站点法、Net－meeting法、视讯会议法、焦点团体座谈法、Internet phone法、在BBS电子公告牌上发布调查信息或采取IRC网络实时交谈等。

（2）网络消费者行为分析。

与传统的消费者相比，网络上的消费者是一个特殊群体，他们具有非接触性、虚拟性。如果一个企业想要在网络上开展营销活动，前提是需要了解网上消费者群体的需求特征、购买动机和购买行为模式以及网络消费者在网上的聚集方式、聚集角落。如今，人们在进行交流和沟通的时候都采用互联网作为工具，所以，伴随而来的就是网络虚拟社区的产生。了解这些虚拟社区的群体特征和偏好是网络消费者行为分析的关键。

（3）网络竞争者分析。

无论在何种营销中，一个企业必须要了解自己的对手。网络营销也是如此。其中，最为明智的举措就是定期监测对手的动态变化，而这是一个长期性的任务。只有准确把握对手的动态才能在竞争中占有主动地位。每个企业在选择网络营销或者是其他的营销模式时，都应该做到分析好市场形势和竞争对手，这样才能够很好地把握好市场动向，增强竞争力。

（4）网络营销策略的制订。

无论何时都应当做到具体问题具体分析。网络营销策略是企业根据自身所在市场中所处地位不同而采取的一些网络营销组合，它包括网页策略、产品策略、价格策略、促销策略、渠道策略和顾客服务策略。由于企业在市场竞争中的地位是不同的，所以应根据这个事实来制订相应的营销策略。由于网络是一种有效的营销工具，所以企业一定要充分利用它，但是也要考虑其中所存在的风险。只有这样，才能取得更好的效果。

（5）网络产品策略。

中小企业要使用网络营销方法必须明确自己的产品或者服务项目，明确哪些是网络消费者选择的产品，定位目标群体。作为网上产品和服务的营销，必须结合因特网的特点重新考虑产品的设计、开发、包装和品牌的传统产品策略。

（6）网络营销价格策略。

网络营销价格策略是成本与价格的直接对话，由于信息的开放性，消费者很容易掌握同行业各个竞争者的价格，因此，关键就是如何引导消费者作出购买决策。如果想在价格上网络营销成功，中小企业者应注重强调自己产品的性价比以及与同行业竞争者相比自身产品的特点。另外，面对着竞争者的冲击，企业应适时调整网络营销价格。例如，在自身品牌推广阶段可以以低价来吸引消费者，在计算成本的基础上，减少利润而占有市场。当品牌得到消费者的认可之后可以适当提升价格。

（7）网络营销渠道策略。

在设定网络营销的渠道的时候一定要考虑到消费者的方便问题。为了在网络中吸引消费者关注本公司的产品，可以根据本公司的产品联合其他中小企业的相关产品作为自己企业的产品外延，相关产品的同时出现会更吸引消费者的关注。为了促进和方便消费者购买，需要及时在网站发布促销信息、新产品信息、公司动态；同时，还要提供多种支付模式，这样是为消费者提供了方便。

（8）网络促销策略。

其实，几乎所有的网络营销方法都与销售有着密不可分的关系。然而，销售并不仅仅是指促进网上销售，还包括其他方面的销售，例如，网络广告。网上促销就是利用大量的网络广告这种软营销模式来达到促销效果。这种广告方式不仅节约了企业的成本，而且还为消费者带来了便利。另外，网络促销还可以将企业产品的个性展现出来，吸引顾客的眼球。

（9）网络营销管理与控制。

当然，任何营销方式都会面临着很多的困境，而网络营销也不例外。在网络营销过程中，会面临这样一些问题，如网络产品质量保障问题、消费者隐私保护问题及信息安全保护问题。当然，这些问题是很容易解决的，但是也必须引起人们的重视。

3. 网络营销的发展趋势

建立在网络基础之上的网络营销发展趋势将主要有以下几个方面。

（1）网络营销支持条件的纵深化。

随着网络营销的发展，其有了更多的支持条件，如网络技术进步，网络基础设施建设日臻完善，网络整体水平提高，消费者接触网络的渠道越来越多，上网的费用越来越低廉；网络媒体和网络技术趋于成熟，有声技术、图像技术、立体技术在产品销售和顾客服务方面将得到更大的利用；社会和商业环境更趋成熟，网络人口增加，法律环境更加完善。这些都为网络营销的发展提供了更广阔的平台。

（2）网络营销决策的专业化。

从西方发达国家发展电子商务的实践和经验来看，我们可以得知直线型网站和专业化网站具有良好的发展前景，而面向特定行业的电子商务平台也有着很大的发展潜力。通俗点来说，电子商务的发展具有专业化趋势。这种专业化包括两个方面：面向个体消费者的专业化趋势和面向企业客户的专业化趋势。伴随专业化产生的是各种营销方式的策略的转变。

（3）网络营销技巧的个性化。

通过网络技术的不断完善，消费者个性化定制营销信息也得到了进一步发展。网络不仅是实现消费者主权的技术基础，而且它为个性化定制信息和定制商品提供了可能。例如，电子邮件营销，它涉及了有声技术、立体技术、文本链接，可以使顾客服务中心通过因特网发送更符合顾客需要的信息。在发送电子邮件的时候，你可以自行设定字体的颜色。另外，你在发送邮件的时候可以发送声音、图像和立体效果。这些都为个性得到全面的体现提供了条件。

（4）网络广告的广泛使用。

当然，随着互联网的普及，越来越多的制造商已经认识到在互联网上做广告的价值，所以制订了包括建立网址、链接到销售商主页的旗帜广告等在内的整体广告计划。另外，随着科技的飞速发展，网络广告技术也得到了充分的发展。而各种营销方式也变得更加人性化，从而吸引了更多消费者的眼球。

三、媒体技术是营销变革最重要的力量之一

如今，我们的社会是信息化社会，科技、经济和社会的发展使信息社会的内涵有了进一步的改变：网络技术的发展和应用改变了信息的分配和接受方式，也改变了人们工作、生活、学习和交流的环境；同时，促使企业积极利用新的技术和手段来改变企业的经营理念、经营组织、经营方式和经营方法。所以，现代企业正想尽一切办法进行网络营销。

在信息化社会中，网络营销的发展潜力是无穷的，它为企业发展提供了广阔的前景。

互联网带来了网络营销的产生。随着互联网在全世界的飞速发展和广泛普及，它已经成为全球性的迅捷和方便的信息沟通渠道。而在整个商业发展过程中，它不仅有利于数据信息的统计和传输，而且还带来了商业的巨大发展潜力。

在迅速发展的网络市场中，传统的市场营销的理论、方法和手段已经被淘汰，而网络营销已经成为一种时尚，它以新的方式、方法和理念来进行营销活动，这可以更有效地促成个人和组织交易活动的实现。

消费者消费观念的变革是网络营销产生的观念基础。而企业的经营核心就是尽量满足消费者的需求。随着因特网的广泛使用，世界各地企业纷纷上网为消费者提供各种类型的信息服务，在他们看来，未来能够取得市场竞争优势与互联网有着密切的关系。

在网络社会中，消费者的观念正不断发生变化。其中最为重要的是网络购物，而企业则要进行相应的网络营销。

在网络时代中，消费者为了满足自己的需求，他们会选择最好的方式来购物。消费者需求的变化也会带来企业营销方式的变化。总之，这种方式的转变不仅为消费者提供了便利，同时也为企业发展提供了机遇，实现双赢。